春秋五霸故事

李山讲

之 风云乍起

李 山／著

浙江教育出版社·杭州

图书在版编目（ＣＩＰ）数据

李山讲春秋五霸故事之风云乍起 / 李山著. -- 杭州：
浙江教育出版社，2019.7（2021.1 重印）
ISBN 978-7-5536-8580-9

Ⅰ．①李… Ⅱ．①李… Ⅲ．①中国历史－春秋时代－
青少年读物 Ⅳ．① K225.09

中国版本图书馆 CIP 数据核字（2019）第 042914 号

李山讲春秋五霸故事之风云乍起
LISHAN JIANG CHUNQIUWUBA GUSHI ZHI FENGYUNZHAQI

李山 著

总 策 划 北京大地万策文化发展有限公司

项目统筹 何黎峰 盖 克		**文字编辑** 王颖达	
责任编辑 吴 昊		**美术编辑** 曾国兴	
责任校对 潘 啸		**封面设计** 王议田	
责任印务 陆 江 潘 莹			

出版发行 浙江教育出版社
（杭州市天目山路 40 号 邮编：310013）
印　　刷 三河市南阳印刷有限公司
开　　本 710mm × 960mm 1/16
印　　张 10.5
字　　数 103 000
版　　次 2019 年 7 月第 1 版
印　　次 2021 年 1 月第 2 次印刷
标准书号 ISBN 978-7-5536-8580-9
定　　价 38.00 元
联系电话 0571-85170300-80928
网　　址 www.zjeph.com

目录
CONTENTS

烽火戏诸侯

——周幽王爱美人不爱江山

爱美人不爱江山

故事还得从夏朝末年说起。

夏朝末年，有一天，有两条神龙停在夏帝的宫殿前说道："我们是褒国的两个先王。"夏帝命人占卜，结果是杀掉龙、赶走龙或留下龙都不吉利。夏帝不满意，又命人占卜，结果是得到龙的唾沫并储藏起来，才吉利。于是夏帝陈列玉帛，并以简策写文告陈请神龙。龙离去后留下唾沫，夏帝于是命人用匣子把龙的唾沫装起来，并除掉了地上的唾沫痕迹。夏朝灭亡，这个匣子传到了商朝。商朝灭亡，这个匣子又传到周朝。经过三个朝代，没有人敢打开它。直到周厉王末年的某一天，厉王命人打开观看，一不小心唾沫洒到了王庭上，还无法除去。周厉王就命令妇女赤着身子对它大声呼喊，唾沫便变成一只黑色的大鳖，窜到周厉王

的后宫。后宫有个侍女，刚七八岁，恰巧碰上了它。周宣王时，这个侍女成年后便怀孕了。没有丈夫却生下孩子，她很害怕，就将那个孩子丢弃了。

曾有小女孩唱着歌谣："桑木做成的弓啊，箕木制成的箭袋，是要灭亡周国的。"当时周宣王听到这首歌谣，很不高兴。恰好有一对夫妇进城卖桑弓、箕箭袋，于是周宣王派人去追杀他们。夫妇俩在逃跑的路上，听到那个被侍女丢弃在路旁的怪女孩夜间啼哭，因此可怜她，便将她收养。夫妇俩逃到褒国后定居下来，并将女孩抚养长大。

周幽王，又叫姬宫涅。他光知道吃喝玩乐，打发人到处找美女，从不过问国家大事。有个叫褒珦的大臣劝说周幽王不应该这样不理朝政，周幽王不但不听，反把褒珦下了监狱。

褒家的人千方百计要把褒珦救出来，就从乡下买来一个非常漂亮的姑娘，并教会她唱歌跳舞，把她打扮起来，献给周幽王，替褒珦赎罪。这个姑娘恰巧就是被侍女遗弃的那个怪女孩，因为算是褒家人，所以取名褒姒。

周幽王十分宠爱褒姒，可是褒姒自从进宫以后，就没有笑过一次，整天闷闷不乐。周幽王送出各种珍奇礼物，想尽各种古怪的办法叫她笑，但都没有成功。周幽王无奈地说："普天之下，莫非王土；率土之滨，莫非王臣。寡人贵为天子，富有四海之内，可近日以来，寡人心情甚是烦闷。寡人现在得到一个绝代佳人，名曰褒姒，眉清目秀，唇红齿白，真乃国色天香，倾国倾城

之貌啊！无奈，美人冷若冰霜，从未对寡人露出一丝笑颜。唉，纵然拿周室江山来换得美人一笑，寡人也心甘情愿呀！"

褒姒说："大王，你答应臣妾废掉王后申氏与太子宜臼，立我褒姒为王后，立我儿伯服为太子，不能言而无信呢。"周幽王为难地说："废嫡立庶，有违宗法，恐难服臣民之心啊。唉，也罢，只要能换得美人一笑，寡人宁负天下！来人，传王命：废掉王后申氏及太子宜臼，改立褒姒为后，其子伯服为太子。"

褒姒面无表情地说："臣妾褒姒谢过大王。"

周幽王还是很郁闷，叹息道："啊，美人，寡人为你一人而负天下，如今你已贵为王后，为何还是不能开怀一笑呢？来人，再传王命，能令美人开怀一笑者，赏赐千金。"

烽火戏诸侯

虢石父一看天赐良机，一脸奸笑地想着：我虢石父，自从大王专宠褒姒，废嫡立庶，导致天怒人怨，忠良之臣纷纷罢官归隐，我却凭着溜须拍马当了上卿。适才大王传命，能令褒姒一笑者，可赏千金！嘿嘿，我的机会又来了。于是，他对幽王说："大王，臣有一计，可使王后发笑。"

周幽王问道："有何妙计？快说，寡人重重有赏！"

虢石父对周幽王说："先王为防西戎进攻，在城外骊山下筑有多座烽火台。一旦敌兵来犯，可点燃烽火，天下诸侯必来相救。如今天下太平，烽火已多年未举。大王可以跟娘娘上骊山去

烽火戏诸侯

3

玩几天。到了晚上，咱们把烽火点起来，让附近的诸侯见了赶来，上个大当。娘娘见了许多兵马扑了个空，肯定会笑的。"

幽王喜出望外地说："此法甚妙！此法甚妙！"

知识链接

骊 山

骊山是秦岭山脉的一条支脉，海拔1302米，是燕山晚期上升形成的突兀在渭河裂陷带内的一个孤立的地垒式断块山，也是华清宫景区的重要组成部分。骊山自然景观秀丽，山上文物胜迹众多，有烽火台、老母殿、老君殿、晚照亭、兵谏亭、上善湖、七夕桥、尚德苑、遇仙桥、三元洞等。

周、秦、汉、唐以来，骊山一直作为皇家园林地，离宫别墅众多。据传，上古时期，女娲在这里"炼石补天"；西周末年，周幽王在此上演了后世称为历史典故的"烽火戏诸侯"；秦始皇将他的陵寝建在骊山脚下，留下了闻名世界的秦兵马俑军阵；盛唐时，唐玄宗与杨贵妃在此演绎了一场凄美的爱情故事；现代史上，著名的"西安事变"也发生于骊山之上。骊山是中华民族历史前进的见证。

郑伯友急着说："大王，万万不可呀！虢石父奸佞小人，所献乃误国之计。臣郑伯友知道，先王设立烽火是以备国家不时之

需，不到生死存亡之际万不可轻举妄动。今日无故举烽火，戏诸侯，失信于天下，他日倘有不测，如何征兵救驾？"

虢石父指着郑伯友说："你口口声声称自己是忠臣，却不能为大王排忧解难，算什么忠臣？你言必称以国家为重，却不知大王和王后就是国家，只要能让大王高兴，别说点烽火，就是让我肝脑涂地、赴汤蹈火也在所不辞。哼！"幽王说："爱卿不必争辩！郑伯友，如今天下太平，何需征兵救驾？本王与王后无可取乐，不过想与诸侯们游戏一番，点点烽火又有何妨？"郑伯友苦口婆心地劝诫幽王说："大王，烽火刀兵乃国家大事，岂可儿戏？如今黎民百姓都盼望大王能勤政爱民，造福天下，而大王却专宠褒姒，不理朝政，难道忘了夏桀宠妹（mò）喜、商纣宠妲己而失去天下的教训了吗？"虢石父说："大胆郑伯友，你竟敢把大王比作无道昏君桀、纣！大王，一定要治他个欺君罔上之罪呀！"

幽王说："哼！郑伯友，念你有功于国家，且饶你不死，还不退下！"郑伯友边下边说："国君不正，必生奸佞，奸臣当道，国之不幸啊！"

幽王听从了虢石父的建议，对褒姒说："美人，寡人为你演一出好戏！"于是，幽王携褒姒登上烽火台，亲手点燃烽火。

烽火起，军情急，救驾勤王，义不容辞。诸侯看见烽火狼烟，于是匆匆赶来京师勤王。见到幽王后，诸侯说："大王，臣等望见烽火，日夜兼程赶来救驾，现已兵临城下，不知敌兵在

何处？"

幽王说："众位爱卿，本王平安无事，不过与你们游戏一番罢了，请打道回府吧，本王还要与美人饮酒取乐呢。"诸侯听完垂头丧气地退下。幽王却高兴得哈哈大笑说："千军万马，招之能来，挥之即去。"褒姒顿时乐开了花，说："嘻嘻嘻，烽火取乐，如同儿戏，可笑至极。"幽王终于达到目的，脸上乐开了花：哈哈哈，终于博得美人一笑，真是一笑值千金呢！

少数民族攻打周幽王

周幽王八年（公元前774年），周幽王废嫡立庶，废黜王后申氏和太子姬宜臼，而立宠妃褒姒为王后，褒姒所生之子姬伯服为太子，并加害太子姬宜臼，致使申后的父亲申侯大为愤怒。周幽王十一年（公元前771年），申侯联合鄫国、西夷犬戎攻打周幽王。

知识链接

犬 戎

古代族名，又叫猃狁（xiǎn yǔn），古代活跃于现在的陕、甘、宁一带。周幽王烽火戏诸侯，被强悍的犬戎族攻杀，幽王的宠妃褒姒被掳，都城丰、镐西北被犬戎占领，强盛了约三百年的西周覆灭。此后，犬戎便成了华夏民族最可

烽火戏诸侯

怕的敌人，直到唐朝，中原民族还把一切西北游牧民族统称为"犬戎"和"戎狄"。

"犬戎"之得名，有一些传说可以追溯。但抛开那些人为的编造，该民族的先祖以犬或者狼为图腾，这才应该是真正的原因。在周朝鼎盛时期，周穆王曾经远征西部，获"四白狼、四白鹿以归"。这应该就是俘虏了以白狼、白鹿为图腾的部落。说明在华夏民族的周边，生活着以犬或狼这类动物为图腾的兄弟民族。至春秋初期，犬戎又成为秦国的强敌。后来，犬戎的一支北迁到蒙古草原，成为蒙古草原上最早的游牧民族之一。研究中国的游牧民族、游牧精神和游牧民族的图腾，也必须从古匈奴荤粥（xūn yù）和犬戎开始。

虢石父惊慌地上奏道："大王，大事不好啦！废王后申氏和废太子宜臼联合西戎部落打过来了，现已兵临城下。大王，如何是好哇？"幽王故作镇定地说："你且带兵抵挡，待我举烽火，召诸侯，内外夹攻，必可取胜。"接着周幽王与褒姒登烽火台，呼吁诸侯：江山危急，诸侯救驾！天子危急，诸侯救驾呀！可是诸侯们因为上一次上了当，谁也不理会他们，竟然没有一个救兵到来。周幽王望眼欲穿，也无人来救。喊杀声中，三个西戎兵冲上来，一人用弯刀砍死幽王，另二人掳走褒姒。

到这时候，诸侯们才知道犬戎真的打进了镐京，这才联合起

来，带着大队人马来救。中原诸侯打退了犬戎，立原来的太子姬宜臼为天子，就是周平王。事后，诸侯也回到各自的封地去了。

没想到诸侯一走，犬戎又来进犯，周朝西边有很多土地都被犬戎占了去。周平王怕镐京保不住，打定主意，把国都搬到了洛邑。

<智慧点津>

林肯有句名言："你可以欺骗所有人于一时，也可以欺骗部分人于永远，但是你不可能永远欺骗所有的人。"读了这个故事，我们受到的启示是：做人要讲诚信，不能拿欺骗别人来取乐。为君者更要洁身自律，不可拿军国大事开玩笑，否则会像周幽王一样落个身败名裂、被天下人耻笑的下场。

烽火戏诸侯

9

郑伯克段于鄢

郑庄公（公元前757年—公元前701年），姬姓，名寤生，郑武公之子，春秋时期著名的政治家，郑国第三任国君，公元前744年至公元前701年在位。郑庄公一生功业辉煌，在位期间，分别击败过周、虢、卫、蔡、陈等国的联军及宋、陈、蔡、卫、鲁等国联军，可谓战绩显赫。使得郑国空前强盛，就连当时的大国齐国也跟着郑国东征西讨。同时，郑庄公又是一个有战略眼光，精权谋、善外交的政治家。其过人的政治才能，也是他在春秋列国纷争中能小霸中原的重要原因。

被母亲厌恶的孩子

郑庄公的父亲郑武公娶了申国国君的女儿为妻，名叫武姜，她生下庄公和共叔段。庄公出生时难产，武姜受到惊吓，因此给

他取名叫"寤生"，从此就厌恶他。武姜偏爱共叔段，想立共叔段为世子，多次向武公请求，武公都没答应。

到庄公即位的时候，武姜就替共叔段请求分封到制邑去。庄公说："制邑是个险要的地方，从前虢叔就死在那里，若是封给其他城邑，我都可以照吩咐办。"武姜便请求封给共叔段京邑，庄公答应了，让他住在那里，称他为京城太叔。大夫祭仲说："分封的都城如果城墙超过三百丈长，会成为国家的祸害。先王的制度规定，国内最大的城邑不能超过国都的三分之一，中等的不得超过它的五分之一，小的不能超过它的九分之一。现在，京邑的城墙不合法度，不符合礼制，您将要不能控制。"庄公说："姜氏想要这样，我如何能躲开这种祸害呢？"祭仲回答说："姜氏哪有满足的时候！不如及早处置，别让祸根滋长蔓延，一旦滋长蔓延就难办了。蔓延开来的野草还很难铲除干净，何况是您那受到宠爱的弟弟呢？"庄公说："多做不义的事情，必定会自取灭亡，你姑且等待。"

郑伯克段于鄢

明亲情和利益冲突之间的关系。在巨大的利益驱使下，亲情在很多时候是脆弱的，特别是在古代中国，王权的诱惑更是无比巨大的，兄弟亲情远远不足以化解王权和财物等利益导致的矛盾冲突。

过了不久，共叔段使原来属于郑国的西边和北边的边邑暗中归自己控制。公子吕对庄公说："一个国家不受两个国君的统治，现在您打算怎么办？您如果打算把郑国交给太叔，那么我请求去侍奉他；如果不给，那么就请除掉他，不要使百姓产生疑虑。"庄公说："不用管他，他自己会遭到灾祸的。"

共叔段又把这两处地方改为自己统辖的地方，并一直扩展到廪延。子封说："可以行动了！土地扩大了，他将得到更多老百姓的拥护。"庄公说："对君主不义，对兄长不亲，土地虽然扩大了，也终将崩溃。"

郑庄公该出手时就出手

共叔段修整了城郭，聚集了人民，准备好了充足的粮食，修缮了盔甲兵器，并准备好了步兵和战车，将要袭击郑国都城。同时，武姜也准备为共叔段打开城门做内应。庄公知道了共叔段计划偷袭郑国的时间，说道："可以出击了！"于是命令子封率领二百辆战车，去讨伐京邑。京邑的人民都反对共叔段，于是共叔段逃到了鄢城。庄公又追到鄢城讨伐他。农历五月廿三日，共叔

段逃到共国。

《春秋》中记载："郑伯克段于鄢。"意思是说共叔段不遵守做弟弟的本分，所以不说他是弟弟；兄弟俩如同两个国君一样争斗，所以用"克"字；称庄公为"郑伯"（意为大哥），是讥讽他对弟弟失教；赶走共叔段是出于郑庄公的本意，不写共叔段自动出逃，隐含责难郑庄公逼走共叔段的意思。

这件事后，庄公就把武姜安置在城颍，并且发誓说："不到黄泉（不到死后埋在地下），不再见面！"过了些时候，庄公后悔了。有个叫颍考叔的，是颍谷管理疆界的官吏，听说了这件事，特意把贡品献给郑庄公。庄公赐给他饭食。颍考叔在吃饭的时候，把肉留着。庄公问他为什么这样？颍考叔答道："小人有一个母亲，我吃的东西她都吃过，只是从未吃过君王的肉羹，请让我带回去送给她吃。"庄公说："你有个老娘可以孝敬，唉，唯独我就没有！"颍考叔说："请问您为什么这么说？"庄公把原因告诉了他，还告诉颍考叔他后悔的心情。颍考叔答道："您有什么忧虑的？只要掘地挖出泉水，再挖一条隧道，在那里见面，谁还能说您违背了誓言呢？"庄公依了他的话。当庄公走进隧道去见武姜时，赋诗道："大隧之中相见啊，多么和乐相得啊！"武姜走出地道，赋诗道："大隧之外相见啊，多么舒畅快乐啊！"于是姜氏和庄公作为母亲和儿子跟从前一样，即恢复了母子关系。

郑伯克段于鄢

黄　泉

　　黄泉，在中国道家文化中是指人死后所往之地，也就是阴曹地府。黄泉亦是九狱九泉之一，在日本、朝鲜半岛的文化中也有相近说法。对黄泉而言，打泉井至深时水呈黄色，又人死后埋于地下，故古人以地极深处黄泉地带为人死后居住的地下世界。黄泉九泉、九泉之下，九泉指九个泉井深，或谓天有九重天、地有九重地，表示极深，地下极深处即谓黄泉。

　　君子说："颍考叔是位真正的孝子，他不仅孝顺自己的母亲，而且把这种孝心推广到郑伯身上。《诗经·既醉》篇中说：'孝子不断地推行孝道，永远能感化你的同类。'大概就是对颍考叔这类孝子而说的吧？"

　　郑庄公对兄弟相残也有悔恨之意，多年之后还公开提到自己有弟弟叔段，却不能平安相处，使得弟弟流亡国外糊口四方。多年之后，郑厉公复位报复政敌，共叔段之孙公父定叔出逃到卫国，郑厉公说，不可使得叔段在郑国无后，便使公父定叔回归郑国。

郑庄公被使劲抹黑主要是由于专制社会的忠孝观念的影响，郑庄公驱逐弟弟而又给他保留了生命，并未赶尽杀绝；囚禁帮助弟弟作乱的母亲而又"黄泉相见"，说明郑庄公还存留着亲情和温情的一面。毕竟，手足相残和弑君事件在那个时代实在是太普遍了。其实就郑庄公打击弟弟叔段这件事来说，他也是为了维护自己合法的统治而不得不采取的行动。他对弟弟一忍再忍，被逼到底线才适可而止地正当反击，庄公的过错真的很小。

郑伯克段于鄢

郑庄小霸

——成于周也败于周

幽平西东几十年，虢郐十邑根基浅。

郑庄守土已不易，哪得雄心为霸先？

从周幽王被杀到平王东迁，这几十年间，郑国从一个小国到跻身春秋十二强，郑武公、郑庄公父子肯定是殚精竭虑了。尤其是郑庄公，更是经历了大大的内忧外困。其国内母子兄弟不合，克弟段于鄢；邻国卫州吁作乱，纠合宋国伐郑，战于东门；然后是郑、宋、卫的数年缠斗；与周天子交恶，战于繻（rú）葛，彻底断送了政治后援。正所谓创业难，守成更难，既创又守难上难。

早在郑桓公时期，太史伯就为郑国提出了"奉辞伐罪"的政治方针，意思是借着周天子的王命讨伐敌对诸侯。这一方针被庄

公父子深入贯彻，两人先后担任王室的卿士（周朝时总领大臣的执政官），把持周王室大权。

庄公之所以能够打败宋国，歼灭卫国、蔡国的主力，灭掉代国、郕（chéng）国，逼迫陈国重新站队，使许国名存实亡，确立霸主地位，"周郑同盟"是关键。

周郑同盟

在平王东迁以后，郑武公和卫武公同为卿士，卫武公去世后，郑武公、庄公父子先后独掌周王室大权。

到了郑国发生共叔段之乱前后，周平王打算任用虢国国君林父担任卿士，来制衡庄公。这时，周公黑肩出来反对，林父也很识时务地极力推辞，这事也就作罢了。

庄公得知平王有这种想法后非常着急，立刻驱车赶到洛邑觐见天子。平王和庄公都是成熟的政治家，他们知道"周郑同盟"的重要性。于是两人经过亲切友好地会晤，达成了协议——交换人质。就这样，郑国太子忽到洛邑做人质，周朝太子狐到郑国做人质。这就是历史上有名的"周郑交质"。

郑庄小霸

周郑同盟

　　"周郑同盟"是天生畸形的政治同盟，郑国需要周天子的威望来扩张势力，周天子需要郑国的力量来实现统治，然而随着郑国实力的增长，周王室的威望会随之衰减，也越来越不重要。因此，不甘坐以待毙的周天子必然会有所行动，而如何维系"周郑同盟"就成为庄公面临的最大挑战。

　　庄公二十四年（公元前720年），在位51年的周平王驾崩了，庄公赶紧送太子狐回去继任天子，但太子狐还没办完丧事也去世了，太子的儿子姬林继任天子，就是周桓王。

　　桓王即位后的第一件事就是任命虢国国君林父担任卿士。庄公知道后很不高兴，决心先给这位新天子一个下马威，于是派遣祭仲带人将天子王畿内温邑的麦子、成周的谷子全部收走了。

　　其实偷谷子这事儿就是跟桓王炫耀一下实力，目的是让桓王重新回到谈判桌上，双方表达一下自己的诉求，商量出一个两全的办法，今后还可以做朋友。可是年轻的桓王选择了冷战。

　　庄公明白"周郑同盟"是自己争霸的最大优势，他承担不起周郑交恶的后果。他必须改变这种现状，硬的不行来软的。庄公二十七年（公元前717年），周王畿闹饥荒，庄公亲自带着粮食到洛邑去觐见天子周桓王。庄公本以为这样可以缓解周、郑之

间的矛盾，结果桓王却不领情，对庄公很是无礼。庄公三十二年（公元前712年），桓王又干了件奇葩的事情，他用自己不能控制的土地，去交换郑国实际控制的土地。周、郑之间的关系至此降至冰点。

繻葛之战

终于，周桓王任性地罢免了庄公的卿士之职。庄公三十七年（公元前707年），桓王召集虢国、卫国、蔡国和陈国一起出兵伐郑。由于是周天子亲征，齐、鲁两个盟友不帮着周天子就已经很给面子了，这次郑庄公必须独自面对五国联军。

双方的兵力在史料上没有记载，不过从庄公讨伐共叔段的内战就动用了两百乘兵车来看，郑国的总兵力至少三百乘甚至四百乘兵车，按一乘兵车甲士和徒兵75人计算，也就是至少有2万～3万兵力，这次应该是倾尽全力。而周桓王此前并无作战经验，面对能征惯战的郑军应该会在兵力有充分优势的情况下才会主动进攻，所以五国联军的兵力只会比郑国多。

郑庄小霸

知识链接

春秋作战形态

春秋时期，军队中的主力是战车，一乘战车配备4匹马（也有2匹马的）、3名甲士。左方甲士持弓，负责远距离射

19

击，是一车之首，称"车左"，又称"甲首"；右方甲士执戈（或矛、戟），负责近距离格斗，也负责推车、搬石头清障碍之类的工作，称"车右"，又称"参乘"；居中的是驾驭战车的御者，也就是司机，只佩带短剑护身。

战车的作用就相当于现代陆军中的坦克，是一支军队的主要作战力量，其最大的优势就是强大的冲击力与机动性，能够瞬间突破敌人的防线。但是战车的侧翼是它的先天缺陷，因为战车在冲锋过程中几乎无法调头，所以当时的作战一般把主力部队作为中军，位于正中靠前的位置，是主要的作战力量，而把非主力部队分作左右两军，分列于中军左右，位置靠后，负责保护中军的侧后两翼。

周桓王按照通常的部署方式，将周军精锐编为中军，由他亲自率领；周公黑肩统率由非主力的周军和陈军组成的左军；虢公林父统率由虢军、卫军、蔡军组成的右军。

面对来势汹汹的五国联军，庄公的儿子公子突建议：把郑军的主力放在左右两翼，因为周公和虢公的左右军不是主力，战斗力差，不敢和郑军死拼；郑军首先攻击他们，他们肯定会逃跑，然后郑军再三军合力围歼周天子的中军。

这个部署有一个问题，那就是郑国的中军能不能在五国联军的左右两军溃败之前扛住周天子的进攻。为此，高渠弥提出了"鱼丽之阵"的对策，就是将通常配置于战车之后的步兵，以伍

（五个人）为单位，分散配置于每乘战车的左、右及后方，填补车与车之间的空隙，使得步兵与战车相互掩护，密切协同，保证防线的稳固。

庄公采纳了他们的建议，命长子忽统率右军，祭仲统率左军，而他和原繁、高渠弥统率中军。五国联军和郑军最终在繻葛碰面，双方摆开阵势，战斗开始了！

郑国的左、右二军一上来就直扑周公和虢公的左、右二军，陈、蔡、卫三国的军队哪里是对手，很快就被突破防线，三国军队顿时崩溃，四散奔逃。随后，郑军的左、右二军从横向侧击周桓王的中军，这时郑庄公率领的中军也发动攻势。周桓王只得下令撤退。

就在这时，郑庄公手下的将领祝聃（dān）望见周桓王的王旗，抬手就是一箭，正中周桓王肩膀。见此情景，郑庄公大惊失色，因为桓王要是有个三长两短，那"弑君"的罪名自己是背定了，背着这样的罪名还怎么去号令天下诸侯？于是，庄公赶忙下令鸣金收兵，随后又派祭仲去慰问桓王。

打败了周天子的五国联军，郑庄公的威名达到了顶点，郑国的国力也达到了巅峰。这一年，郑庄公已是50岁的知天命之年，继承人的问题也不得不摆上日程。

霸业凋零

郑庄公有很多儿子，其中最优秀的是嫡长子公子忽和次子公

郑庄小霸

21

子突。公子忽善战，曾经指挥过郑城保卫战及抗戎援齐战役，在国内外都有很高的威望。公子突善谋，繻葛之战的军事部署就是他的计策。

庄公最终选择了公子忽。

当时天下的强国除了郑国就是齐国，齐国国君齐僖公也非常欣赏公子忽，两次想把女儿嫁给他，第一次是想把文姜嫁给他，第二次史料没有记载具体是哪个女儿。要说齐僖公的女儿可都不是寻常女子，《左传》中记载他的两个女儿宣姜、文姜都是著名的美人，从遗传学来说，其他的女儿应该颜值也不低，妥妥的白富美。可是，公子忽竟然两度拒绝了齐僖公的好意。祭仲劝他："齐国的支持对您将来继承君位是很大的助力，别忘了这个君位可是有好多人惦记着呢。"公子忽不以为然。

郑庄公四十三年（公元前701年），庄公的生命终于走到了尽头，他的一生成就了辉煌的功业，也留下了令人扼腕的遗憾，他的身后名更是饱受争议。

同年，公子忽继位，是为郑昭公。因为公子突的母亲是宋国人，权臣祭仲在出使宋国的时候，宋人胁迫祭仲同意改立公子突为君，是为郑厉公。可怜的公子忽继位不到一年，就被赶下了台。从此郑国陷入内乱二十余年，庄公的霸业也从此衰落。后来的事实证明，将领可能是公子忽更为合适的职业，国君的位置并不适合他。而公子突却具备成为一位优秀国君的潜质，他在平定内乱后迅速使郑国重振雄风，可惜老天爷给他的时间太短了。

前人往往认为郑国霸业的迅速衰落，源于郑庄公在继承人问题上的失误，或者归咎于祭仲的弄权。其实，郑国的衰落根源在于庄公晚年外交失误，继承人问题只能算是一个催化剂。在一系列的军事胜利后，庄公对时局的认识出现了偏差，陆续丧失了周、齐两大盟友，尤其是直接与周的对抗让郑国处于非常不利的外交困境。庄公如果能够把周、郑关系始终保持在可控范围之内，何至于使郑国在他去世后面临强敌环伺的形势？

郑庄小霸

卫国之乱

——一场由溺爱引发的悲剧

春秋前期，朝歌（现在的河南淇县城）为卫国国都。石碏，春秋时卫国大夫。卫庄公有三个儿子，长子姬完、次子姬晋、老三州吁。州吁最受庄公宠爱，自幼养成残忍暴戾的性格，无恶不作，成为朝歌大害。当时，老臣石碏为人耿直，体恤百姓疾苦，几次劝庄公管教约束州吁，但庄公不听。州吁作恶日甚，而且很享受作恶过程，最后酿成大祸。

弟弟弑兄篡位

卫庄公娶了齐国太子得臣的妹妹庄姜为妻。庄姜容貌美丽，卫国人为此还给她作了一首名为《硕人》的诗，但是她没能给卫庄公生下一儿半女。后来，卫庄公又从陈国娶了个女子，名叫厉妫。厉妫生下孝伯，但孝伯很早就死了。厉妫随嫁的妹妹戴妫生了姬完，庄姜就把他当成自己的儿子。

《硕人》

　　《硕人》出自《诗经·卫风》，为先秦时代卫地汉族民歌。全诗分为四章，每章七句，描写齐女庄姜出嫁卫庄公的壮盛和美貌，着力刻画了庄姜高贵、美丽的形象。诗中描写细致，比喻新颖，以至清人姚际恒由衷感叹："千古颂美人者无出其右，是为绝唱。"诗从庄姜的身份家世写起，再写其外貌，有如一个特定镜头。最后一节在"河水洋洋""葭菼揭揭"的优美环境中，铺写"庶姜""庶士"的盛况，又像是一幅画面，镜头慢慢推向远方，一行人走向远方，给人留下无尽的回味，不仅生动，而且意味深长。阅罢《硕人》这幅妙绝千古的"美人图"，留给人们最鲜活的印象，是那倩丽的巧笑和流盼的美目，即"巧笑倩兮，美目盼兮"。《诗经》是汉族文学史上第一部诗歌总集，对后代诗歌发展有深远的影响。

　　公子州吁是庄公宠姜的儿子，受到庄公宠爱并且喜欢武事，庄公对此也不加禁止。庄姜却很讨厌他。刚正不阿的大臣石碏向庄公进谏说："我听说疼爱孩子，应该用正当的道理去教导他，不要让他走上邪路。骄横、奢侈、淫乱、放纵，是导致邪恶的四种毛病。这四种病由的产生，是由于给他的宠爱和俸禄都过了

头。国君如果要立州吁为太子，那就确定他的地位；如果还没有
拿定主意，就会逐步地引导他酿成祸乱。大凡受到宠爱而不骄
横，骄横而能安于地位下降，地位下降而不产生怨恨，产生怨恨
而能够克制的人，这种人是很少的。而且，低贱妨害高贵，年轻
欺凌年长，疏远离间亲近，新进离间故旧，弱小压迫强大，淫邪
败坏道义，这是六种逆理的事。国君行事得当，臣子奉行君命，
父亲慈爱儿子，儿子孝顺父母，兄长爱护弟弟，弟弟敬爱兄长，
这是六种顺理的事。背离顺理的事而效法逆理的事，这将是使祸
患很快降临的原因。作为统治民众的君主，应该尽力除去祸患，
而您却让祸患很快降临，恐怕不能这样吧！"卫庄公听不进去。
石碏的儿子石厚和州吁交往，石碏加以制止，但制止不了。卫庄
公去世后，由大公子继承王位。这位新的卫王性情懦弱，而他的
弟弟州吁却骄傲自大，野心勃勃，总想夺取兄长的王位。

　　鲁桓公四年的春季，有一天卫王出访，在石厚的积极策划
下，州吁偷偷在途中杀掉了卫桓公而自己做了国君。州吁刺死
了兄长，却向大臣和百姓说："卫王害急病死了，由我继承王
位。"州吁封石厚为上大夫。

石碏大义灭亲

　　州吁、石厚为制服国人，立威邻国，就贿赂鲁、陈、蔡、宋
等国，大征青壮年去打郑国，结果弄得劳民伤财。当时，朝歌有
民谣唱道："一雄毙，一雄尖，歌舞变刀兵，何时见太平？"州

吁见百姓不拥戴自己，很是忧虑。石厚又让州吁去请其父石碏出来共掌国政。州吁派大臣带白璧一双、白粟五百钟去请。石碏拒收礼品，推说病重回绝，石厚只得亲自回家去请。

石碏早想除掉祸根，为国为民除害。他趁石厚请他参政，假意献计说，新主即位，能见周王，得到周王赐封，国人才肯服帖；现在陈国国君忠顺周王，周王很赏识他，你应该和新主一同去陈国，请陈桓公向周王说情，周王便会见他。石厚十分高兴，便备厚礼赴陈，求陈桓公向周王通融。

见此，石碏割破手指，写下血书，派人事先送到陈国。血书中写道："我们卫国民不聊生，固是州吁所为，但我逆子石厚助纣为虐，罪恶深重。二逆不诛，百姓难活。我年老体衰，力不从心。现二贼已驱车前往贵国，实老夫之谋。望贵国将二贼处死，此乃卫国之大幸！"

陈国大夫子针与石碏有深交，见到血书，立即禀报陈桓公。桓公下令将州吁、石厚抓住，正要斩首，群臣奏："石厚为石碏亲子，应慎重行事，请卫国自己来问罪。"

石碏得知二贼被捉，急忙派人去邢国接姬晋（州吁之兄）就位（卫宣公），又请大臣议事。众臣皆曰："州吁首恶应杀，石厚从犯可免。"石碏正色道："州吁有罪，皆是我不肖子酿成，从轻发落他，难道使我徇私情、抛大义吗？"众人默然，石碏家臣羊肩说："国老不必发怒，我立即赴陈国办理此事。"

卫国之乱

27

邢 国

邢国是商周时期的古国。西周时为周公第四子的封国，地在现在的河北省邢台市周边。周成王所封，姬姓，侯爵。先后传20世，历500余年。其疆域主要在太行山以东，滹沱河以南，漳河以北，故黄河以西，包含现在的邢台市全部、石家庄南部、邯郸大部以及衡水、临清的一部分，面积约3万平方千米。邢国在当时我国北方地区占有重要地位，是西周初期分封的53个姬姓封国之一。

羊肩到陈国杀石厚，石厚说："我是该杀。请将我囚回卫国，见父后再死。"羊肩说："我奉你父命诛逆子，想见你父，让我把你的头带回去见吧！"遂诛之。

<智慧点津>

有句俗话说："虎毒不食子。"这意思是说，猛虎性情虽然凶残，但依然要恪守亲情的界限。凶残是对外，而对自己的亲生骨肉却以慈爱

之心相待，绝不可能将其仁为腹中餐。老虎这样做，是动物的天性，没什么可说的。对人而言，一方面，人做事也要按天性。亲情是人之天性所不能免的，父母儿女之间的亲情是自然的法则，世上哪有不疼爱自己亲生骨肉的父母呢？如果说人性这东西也存在的话，那么父母儿女间的亲情就应当属于人性之列；如果说人性是永恒的话，那么这种亲情也是永恒的。否则，便是丧失了人性，丧失了天良，就不应当再冠之以"人"这个称呼了。另一方面，人作为超越了动物本能的有思想、有理性的存在，又不能完全凭本性、天性、本能行事，还得要服从社会的法则、道德伦理的法则及理性的法则。如果没有这一个方面，人也就与其他动物没有什么区别了。

卫国之乱

齐桓公称霸

——装死蒙混过关，会盟留名青史

齐桓公在位期间任命管仲为相，推行改革，实行军政合一、兵民合一的制度，齐国逐渐强盛。公元前681年，齐桓公于甄（现在的山东鄄城）召集宋国、陈国等四国诸侯会盟，他因此成为中国历史上第一个充当盟主的诸侯。当时，中原的华夏各诸侯苦于戎、狄等部落的攻击，齐桓公适时提出"尊王攘夷"的口号并积极展开对外活动，得到了其他诸侯国的响应，北击山戎，南伐楚国，成为中原诸侯的霸主，受到周天子赏赐。

诈死继位

齐襄公时国政混乱，公子小白的师父鲍叔牙预感齐国将发生大乱，就保护小白逃到莒国。襄公十二年（公元前686年），公孙无知杀了齐襄公，自立为君。次年，雍廪杀死公孙无知。一时

间齐国无君，一片混乱。齐国正卿高傒和公子小白从小要好，一听说雍廪杀了公孙无知，就和国懿仲秘密召小白从莒国回来。鲁国听说公孙无知被杀，便派兵护送公子小白的哥哥纠回齐国争夺王位，还派管仲带兵堵截从莒国回齐国的公子小白。混战中，管仲一箭射中小白的衣带钩，小白就势咬舌吐血假装倒地而死。管仲派人回鲁国报捷，鲁国于是就不慌不忙地送公子纠回国，走了六天才抵达齐国。而公子小白此时早已日夜兼程赶回齐国，被高傒立为国君，这就是齐桓公。

齐桓公下令发兵迎击鲁军，双方在干时（现在的山东桓台县）展开一场大战，结果鲁军败走。鲍叔牙给鲁侯写了一封信，信中说："公子纠是齐君的兄弟，齐君不忍杀他，请鲁国自己杀他。公子纠的老师召忽、管仲是齐国的仇人，请鲁国把他们送来，剁成肉泥。如不从命，将要出兵讨伐鲁国。"鲁人害怕，于是杀了公子纠。公子纠的老师召忽自杀，而管仲也被鲁国囚禁起来。齐桓公要杀管仲，鲍叔牙劝说道："臣幸运地跟从了君上，君上现在成为国君。如果君上只想让齐国成为强国，那么有叔牙和高傒就够了；如果君上想成就天下霸业，那么非管仲不可。管仲到哪个国家，哪个国家就能强盛，所以不可以失去他。"齐桓公听从了鲍叔牙的建议，假装要杀仇人，命人把管仲接到齐国。后来，齐桓公和管仲谈论王霸之术，管仲系统地论述了治国称霸之道，齐桓公大喜过望，以其为大夫，委以政事。在管仲的帮助下，齐桓公干了许多大事。

齐桓公称霸

31

存邢救卫

公元前659年，齐桓公率领齐、宋、曹三国大军向邢国（现在的河北邢台）出发。大军开向邢国不是去伐邢，而是去救邢。原来，邢国虽然是先进文明地区，但是国力太弱，无法抵御野蛮文明北狄的进攻，已经岌岌可危。眼看就要被灭国时，奇迹出现了，齐桓公率领大军前来救援！

我们都知道，无论是在哪个朝代野蛮文明与先进文明交战时都有个现象——野蛮文明是打得赢就打，打不赢就跑！等你先进文明撤兵后，他又来犯；等你的兵来了，他又跑！

北狄不是傻瓜，它知道齐国的厉害，它没有实力与齐国对抗，只好避其锋芒。所以齐国的大军一到，北狄人就跑了。北狄人的意图很明显，反正你齐国帮得了一时帮不了一世。

都说北狄人不笨！既然侵犯不了邢国，还可以侵犯其他国家嘛！只要那儿有金钱、有美女，管你是哪个国家，只要比我北狄弱的，就不会对你客气！

于是北狄又把目标对准了卫国！

卫国本来就不怎么强大，再加上卫懿公不得人心，民心不稳，哪里是北狄的对手！

北狄不费吹灰之力就攻破了卫国，在卫境内大肆烧杀掠抢，就连卫懿公都死在北狄人的刀下，其肉还被北狄人分吃，只剩下了一堆内脏。

被北狄攻破的卫国尸横遍地，哀鸿遍野！

卫国的年轻人几乎都死在了抗击北狄的战场上，活下来的都是老弱病残。北狄人不愧为野蛮文明的代表，竟然连这些老弱病残都不肯放过！

在这些老弱病残的人们逃命时，北狄的军队一路追杀。面对这些手无寸铁、毫无还手之力的卫国百姓，北狄的士兵就像砍西瓜一样，一刀一刀地砍下去！每砍一刀，便是一条活生生的生命倒下！正在被屠杀的卫国百姓，多么期望会有一位救世主出现在他们面前！他们不由自主地祈祷：上天有眼，派位救世主来救救无辜的卫国百姓吧！再让北狄这样屠杀下去，卫国就再没有任何希望了！

幸好苍天有眼，真的派了一位救世主！

就在北狄士兵屠杀得正在兴头上时，只见远方黄沙漫漫，灰尘滚滚！仔细一看，那是宋军！

原来是宋桓公带领大军前来救援。从这儿，我们就能看到中华民族的一种团结性。就算天下大乱，一旦外敌来犯，我们依然会并肩作战驱赶外敌！所以说中华民族是很团结的民族，而团结的根源就在这里！

最后，北狄又和宋军开战，北狄打不过宋军，撤退了。终于，卫国最后的希望保住了！

北狄虽然退了，但留给卫国的除了废墟还是废墟！

齐桓公作为老大，小弟有难不得不帮，于是他决定重建卫国！但是这次重建不能在原地重建，那地方太容易被北狄

齐桓公称霸

侵犯了。

当时北狄的主要活动地区在黄河以北，要防止北狄侵犯，只有把卫国重建在黄河以南，好以黄河为天险防止北狄侵犯！于是，齐桓公把卫国重建在黄河南岸。

卫国的事算是解决了，可北边还有个邢国呢。邢国也是容易被北狄侵犯的国家！齐桓公也知道自己救援邢国只能管一时，所以他干脆一不做二不休，把邢国迁走！于是，邢国从现今的河北邢台迁到了现今山东的聊城。就这样，邢国的社稷也在齐桓公的帮助下保存了下来，齐桓公做了件名垂青史的大事。

这就是历史上有名的齐桓公存邢救卫！

召陵之盟

楚国在中国南部，向来不和中原诸侯来往。那时候，中原诸侯把楚国当作"蛮子"看待。但是，楚国人开垦南方的土地，逐步收服了附近的一些部落，慢慢地变成了大国。后来，楚国的国君干脆自称楚王，不把周朝的天子放在眼里。

公元前656年，齐桓公约会了宋国、鲁国、陈国、卫国、郑国、曹国、许国的军队，联合进攻楚国。楚成王得知消息，也集合了人马准备抵抗。他派了使者去见齐桓公，说："我们大王叫我来请问，齐国在北面，楚国在南面，两国素不往来，真叫作风马牛不相及。为什么你们的兵马要跑到这儿来呢？"

管仲责问："我们两国虽然相隔很远，但都是周天子封的。

当初齐国太公受封的时候曾经接受一个命令，东方的五侯九伯，谁要是不服从天子，齐国有权征讨。我们来这里主要有两件事，第一，当年周昭王南征楚国却没有返回，这是为什么呢？第二，你们楚国本来每年向天子进贡包茅（用来滤酒的一种青茅），为什么现在不进贡呢？"使者回答："没进贡包茅，这是我们的不是，以后一定进贡。至于昭王没有回去，这我们可不知道，问我们也没用，你们不如到江上去问问吧！"其实，周昭王早就在"南征"楚国的时候全军覆没，死在汉水之滨了，楚国怎么交得出人来呢？使者走后，齐国和诸侯联军又拔营前进，一直到达召（shào）陵（现在的河南郾城县）。

知识链接

昭王南征不复

昭王南征，指的是周朝时期，周昭王对楚或荆发动的战争（见于文献记载，并得到青铜器铭文的验证）。

西周早期，在江汉地区的虎方和荆楚始与周人分庭抗礼。昭王十九年（公元前977年），周天子一怒之下，率领大军涉黄河、渡汉水，跨过长江南征，取得了一系列战果，打击了楚国的东进势头。但是后来，由于轻敌等原因，周国的核心武力"六师"全军覆没，周昭王也在汉水溺死。战后，继位的周穆王吸取教训，将国防的重心转向南方。

楚成王又派屈完去探问。齐桓公为了显示自己的军威，请屈完一起坐上车去看中原来的各路兵马。屈完一看，果然军容整齐，兵强马壮。齐桓公趾高气扬地对屈完说："你瞧瞧，这样强大的兵马，谁能抵挡得了？"屈完淡淡地笑了笑，说："君侯协助天子，讲道义，扶助弱小，人家才佩服你。要是光凭武力的话，那么，咱们国力虽不强，但是用方城（楚国所筑的长城，在今河南方城北至泌阳东北）作城墙，用汉水作壕沟，您就是再多带些人马来也未必能打得进去。"

齐桓公听屈完说得挺强硬，估计也未必能轻易打败楚国，而且楚国既然已经认了错，答应进贡包茅，也算有了面子。就这样，中原八国诸侯和楚国一起在召陵订立了盟约，各自回国去了。

葵丘会盟

周惠王想废掉太子郑，立自己爱妃生的王子带为太子。

齐桓公为了保全太子的地位，以诸侯要拜见太子为借口，于周惠王二十二年（公元前655年）八月联合八国诸侯在首止开大会，太子郑在首止和诸侯见了面，一起住了几个月。

周惠王觉得太子郑不听使唤，但又无力和齐桓公抗争，就偷偷派人去劝告郑国不要参加结盟。郑国听了周王的话，离开了首止，剩下的七个诸侯共同缔结了共辅太子的盟约。后来，齐国又去攻打郑国，郑国也随即参加了盟约。

齐桓公称霸

37

不久，周惠王死了，太子郑即位为周襄王。周襄王对齐桓公十分感激，派人给他送了祭肉、珍贵的弓箭和车子。齐桓公利用这个机会，于公元前651年在葵丘（今河南兰考、民权境内）会合诸侯，招待周王的使者。

会盟那一天，所有的诸侯穿上了自己的制服，都是用高档面料严格按照朝廷要求制作而成的，佩着宝剑，戴着玉佩（相当于今天的着正装），一个个风度翩翩，前往祭坛。

在宏伟的祭坛之上虚设周天子的位置，诸侯先行北面朝拜周天子，然后落座。

知识链接

祭　坛

祭坛是古代用来祭祀神灵、祈求庇佑的特有建筑，先人们把他们对神的感悟融入其中，升华到特有的理念，如方位、阴阳、布局等，无不完美地体现于这些建筑之中。祭祀活动是人与神的对话，这种对话通过仪礼、乐舞、祭品，达到神与人的呼应。在无数次的献祭过程中，作为祭品的牺牲，包括人体的各个部分，与所为之奉献的诸自然神（自然万物）之间，便逐渐建立了一种神秘的——对应的关系。而这一次次的献祭仪式则成了原始人类最重要的营造活动的起源。

周天子赏赐齐桓公的典礼正式开始。主持人太宰周公孔快步走上舞台，他精神矍铄，笑容满面。周公孔手捧周天子要赏赐给齐桓公的胙向东而立，用最标准的周朝普通话大声说道："天子有事于文武，派孔赐伯舅胙。"伯舅是周天子对诸侯的尊称，并不是齐桓公真的成了周天子的伯伯或者舅舅。

齐桓公这个时候当然走下台阶，准备下跪谢恩，可是见证奇迹的时刻到了。

主持人太宰周公孔阻止了齐桓公下拜的行动，并且高声宣示："天子有命，因为伯舅年老，劳苦功高，所以特地加一级，不必下拜。"

但是齐桓公明白，既然已经登基成为周天子，他可以表示他的感激，不过自己不敢乱了君臣之分。于是齐桓公坚持快步走下台阶，叩头谢恩，并且说道："天威不可亵渎，小白怎么敢因为天子之命就忘记了为人臣子的本分呢？"

齐桓公在诸侯这个职场能够成为人人心服口服的霸主，凭的就是尊崇周天子，锄强扶弱。今日如果因为周天子感激而丧失了为人臣子的本分，那可就得不偿失了。

齐桓公再拜稽首之后，才登堂接受周天子的赏赐，于是赢得诸侯一片赞扬之声。接下来，诸侯一起发誓道："凡我同盟，言归于好。"齐桓公将会盟的语言写在书上，然后挂在牲畜身上，派人宣读，避免了歃血为盟。

也许是齐桓公此时真正明白了，誓言是最容易被打破的，为

齐桓公称霸

何非要拘泥于形式呢？真正有效的誓言，只要能够实现，那就是最好的誓言，而不是那些仪式最豪华、语言最美丽的誓言。而且他有这个自信，齐桓公在此，不需要会盟同样能够号令天下。

＜智慧点津＞

在齐桓公称霸的过程中，首先是管仲、鲍叔牙等能人的存在起到了至关重要的作用，而齐桓公对于他们的使用就体现了一个做大事的人必须具有的能力——用人。一个国家的发展离不开人才的支持，而一个国家的兴盛也和人才有着密不可分的关系。齐桓公能够不计前嫌任用管仲，不拘小节招贤纳士，对于齐国的发展起到了巨大的作用，在他们一群人的努力下，齐国才崛起成为当时的霸主。

其次，一个合适的外交政治立场也非常重要。在当时，楚国、秦国等国家也不弱，但是齐桓公最先称霸，这和他能够根据当时的社会环境选择正确的政治方针有着密切的联系。齐桓公

通过"尊王攘夷"的口号，先是占据了大义的名分，并且几次出兵帮助他国击退戎、狄的进攻，这样的举动让当时的诸侯、百姓都对齐桓公非常尊敬，因此齐桓公的威望是非常高的。而且齐桓公非常会利用盟约来拉拢盟友，同时因为他是带头签订盟约的人，所以在声望上也不是那些一般的国君可以比拟的。

最后，齐桓公清楚地知道自己要做什么，所以为了称霸能够忍受很多的屈辱。齐桓公曾经几次被人近身劫持，迫不得已签订了合约，但是事后他还是能够遵守这些合约，这样言出必行的品行得到了诸侯王们的信任。

齐桓公称霸

管鲍之交

——真正的友谊经得起考验

管仲，春秋时齐国的政治家，名夷吾，字仲，亦称管敬仲。据说他早年经营商业，后从事政治活动。在齐国公子小白（齐桓公）与公子纠争夺君位的斗争中，管仲曾支持公子纠。小白取得君位后，不计前嫌，重用管仲；管仲亦辅佐齐桓公，施行改革。在政治上，他推行国、野分治的参国伍鄙之制，即由君主、二世卿分管齐国，并在国中设立各级军事组织，规定士、农、工、商各行其业；在经济上，实行租税改革，对井田"相地而衰征"，并采取了若干有利于农业、手工业的措施。

鲍叔牙又称鲍叔，春秋时齐国的大夫，以知人著称。年少时与管仲是好朋友，曾一起经商。齐襄公乱政，鲍叔牙随公子小白出奔至莒国，管仲则随公子纠出奔鲁国。后来，齐襄公被杀，纠和小白争夺君位，小白得胜即位，即齐桓公。桓公囚禁了管仲，

鲍叔牙知道管仲之贤，举荐管仲替代自己的职位，而自己则甘居于管仲之下。齐国因为管仲的治理而日渐强盛。

下面，我们就来说说他们二人之间的故事。

从小建立起的友谊

年轻的时候，管仲家里很穷，又要奉养母亲，鲍叔牙知道了，就找管仲一起投资做生意。做生意的时候，因为管仲没有钱，所以本钱几乎都是鲍叔牙拿出来的，可是，当赚了钱以后，管仲却拿得比鲍叔牙还多。鲍叔牙的仆人看了就说："这个管仲真奇怪，本钱拿得比我们主人少，分钱的时候却拿得比我们主人还多！"鲍叔牙却对仆人说："不可以这么说！管仲家里穷，又要奉养母亲，多拿一点是没有关系的。"

有一次，管仲和鲍叔牙一起去打仗，每次进攻的时候，管仲都躲在最后面，大家就骂管仲说："管仲是一个贪生怕死的人！"鲍叔牙马上替管仲说话："你们误会管仲了，他不是怕死，他得留着他的命去照顾老母亲呀！"管仲听到之后说："生我的是父母，了解我的人可是鲍叔牙呀！"

公元前698年，齐僖公驾崩，留下三个儿子，太子诸儿、公子纠和公子小白。齐僖公死后，太子诸儿即位，是为齐襄公。诸儿虽然居长即位，但品质卑劣，齐国前途令国中老臣深为忧虑。

当时，管仲和鲍叔牙分别辅佐公子纠和公子小白。一双好友，分别给两位公子当师父，实为美谈。不过鲍叔牙当初对齐僖公令其

管鲍之交

辅佐公子小白很不满意，常常称病不出。因为他认为"知子莫若父，知臣莫若君"，国君知道小白将来没有希望继承君位，又以为他没有才能，所以才让他辅佐小白。而管仲却不以为然，当他了解内情后，劝导鲍叔牙说："国内诸人因厌恶公子纠的母亲，以至不喜欢公子纠本人，反而同情小白没有母亲。将来统治齐国的，非纠即白。公子小白虽然没有公子纠聪明，而且还很性急，但有远虑。不是我管仲，无人理解公子小白。公子纠即使日后废兄立君，也将一事无成。到时不是你鲍叔牙来安定国家，还有谁呢？"就这样，鲍叔牙听从了管仲的意见，出来接受任命，尽心竭力地侍奉小白。

不久，齐襄公与其妹、鲁桓公的夫人文姜秘谋私通，醉杀了鲁桓公。对此，具有政治远见的管仲和鲍叔牙都预感到齐国将会发生大乱，所以他们都替自己的主子想方设法找出路。公子纠的母亲是鲁君的女儿，因此管仲和召忽就保护公子纠逃到鲁国去躲避。公子小白的母亲是卫君的女儿，卫国离齐国太远，所以鲍叔牙就同公子小白跑到齐国的南邻莒国去躲避。公子纠和公子小白去的地方虽然一南一西，打算却是同一个，都是静观事态的发展，伺机而动。

知识链接

知子莫若父

春秋时，越国宰相范蠡的二儿子在楚国杀了人，被楚国判了死刑，将于秋后处决。范蠡闻讯，急忙准备了千两黄

金和一封书信，叫小儿子到楚国请他的结拜兄长楚国宰相帮忙。大儿子听到这件事后非常生气，就问父亲这么重要的事为什么不让他去。范蠡对他说："如果派你去，你二弟必死无疑；只有小弟去了才能救活你二弟。"大儿子一听更不服气了："同样有礼物，有书信，为什么我就办不成？"范蠡拗不过他，只好让他去，临行时嘱咐他无论事情能否办成，礼物千万都不要带回来。范蠡的长子到楚国后，急忙拜见了宰相，呈上了礼物和书信。第二天，宰相便以楚国将有天灾为借口，奏请楚王释放在押的死囚，以免除灾难。楚王听后便下旨大赦天下。范蠡的大儿子听说弟弟已经获释，心想何必白白丢掉这千两黄金，便又回到宰相那里取回千两黄金。楚国宰相非常恼怒，下令斩了范蠡的儿子，等到人头落地的时候，范蠡小儿子运的棺材正好赶到。

范蠡为何能料事如神呢？原来，他的长子是在贫困时期出生的，从小历尽艰辛，深知钱财得来不易，而小儿子却是他发达后出生的，向来挥金如土，对千两黄金根本就不放在心上。所以，他知道大儿子一定办不成这件事。

齐襄公十二年（公元前686年），齐国内乱终于爆发。齐襄公叔伯兄弟公孙无知因齐襄公即位后废除了他原来享有的特权而恼怒，勾结大夫闯入宫中，杀死齐襄公，自立为国君。公孙无知在位仅一年有余，齐国贵族雍廪又杀死公孙无知，一时齐国无

管鲍之交

君，一片混乱。两个逃亡在外的公子，一见时机成熟，都急忙设法回国，以便夺取国君的宝座。公孙无知死后，在齐国商议拥立新君的各派势力中，正卿高傒势力最大，他和公子小白自幼相好。高傒又同另一个大夫国氏勾结，暗中派人急去莒国请公子小白回国继位。公子小白接信后和鲍叔牙仔细分析了国内的形势，然后向莒国借了兵车，日夜兼程回国。鲁庄公知道齐国无君后也万分焦急，立即派兵护送公子纠回国。后来发现公子小白已经先出发回国，于是管仲决定自请先行，亲率三十乘兵车到莒国通往齐国的路上去截击公子小白。人马过即墨三十余里，正遇见公子小白的大队车马。管仲非常沉着，等公子小白的车马走近，就操起箭来对准射去，只听"哨啷"一声，一箭射中，公子小白应声倒下。管仲见公子小白已被射死，就率领人马回去。其实公子小白没有死，管仲那一箭仅仅射中了他的铜制衣带钩，公子小白急中生智咬破舌尖装死倒下。经此一惊，公子小白与鲍叔牙更加警惕，飞速向齐国挺进。当他们来到临淄时，由鲍叔牙先进城去劝说。齐国正卿高氏和国氏都同意拥立小白为国君，于是公子小白就进城，顺利地登上君位，成了历史上有名的齐桓公。

鲍叔牙的知才善荐

　　齐桓公即位后，急需找到有才干的人来辅佐，因此就准备请鲍叔牙出来任齐相。鲍叔牙诚恳地对齐桓公说："微臣是个平

庸之辈，国君施惠于我，使我如此享受厚遇，那是国君的恩赐。若要把齐国治理富强，我的能力不行，还得请管仲。"齐桓公惊讶地反问道："你不知道他是我的仇人吗？"鲍叔牙回答道："客观地说，管仲是个天下奇才。他英明盖世，才能超众。"齐桓公又问鲍叔牙："管仲与你比较又如何？"鲍叔牙沉静地指出："管仲有五点比我强。宽以从政，惠以爱民；治理江山，权术安稳；取信于民，深得民心；制订礼仪，风化天下；整治军队，勇敢善战。"鲍叔牙进一步谏请齐桓公释去旧怨，化仇为友，并指出当时管仲射国君是因为公子纠的命令，如果赦免其罪而委以重任，他一定会像忠于公子纠一样为齐国效忠。

管仲一路恐慌被押回齐国，鲍叔牙正在齐国边境的堂阜迎接他。老友相逢，格外亲切。鲍叔牙马上命令打开囚车，去掉刑具，又让管仲洗浴更衣，表示希望他能辅助齐桓公治理国家。稍事休息后，管仲对鲍叔牙说："我与召忽共同侍奉公子纠，既没有辅佐他登上君位，又没有为他死节尽忠，实在惭愧。现在又去侍奉仇人，那该多么让天下人耻笑呀！"鲍叔牙诚恳地对管仲说："你是个明白人，怎么倒说起糊涂话来。做大事的人，常常不拘小节；立大功的人，往往不需他人谅解。你有治国的奇才，桓公有做霸主的远大志愿，如你能辅佐他，日后不难功高天下，德扬四海。"做好管仲的工作后，鲍叔牙赶回临淄，向齐桓公报告。

管鲍之交

知识链接

临 淄

公元前1046年，周武王推翻商朝，建立周朝。公元前1045年，封太公姜尚（公元前1045年至公元前1015年在位）于齐地，建立周代齐国，都治营丘（今临淄）。后传位齐丁公姜伋（公元前1014年—公元前1010年）、齐乙公姜得（公元前1010年—？）、齐癸公姜慈母，至齐哀公姜不辰（？—公元前867年）。齐献公即位后，复都营丘。为防备纪国入侵，他加固扩建了营丘城。因为扩建后的营丘城东城墙濒临淄水，沿河而建，所以齐献公就顺理成章地将营丘城改名为临淄。公元前221年，秦灭齐国，设临淄县，属齐郡，郡、县治所均在临淄。

　　管仲之所以能相齐助桓公称霸，与鲍叔牙的知才善荐是分不开的。当天下人在称赞管仲的功绩时，管仲说："当初我贫困的时候，曾经同鲍叔牙一道做买卖，分财利往往自己多得，但是鲍叔牙不将我看成贪心汉，他知道我贫穷。我曾经替鲍叔牙出谋办事，结果事情给弄得更加困窘和无法收拾，但是鲍叔牙不认为我愚笨，他知道是时机不利。我曾经多次做官又多次被国君斥退，鲍叔牙不拿我当无能之人看待，他知道我没遇上好时运。我曾经多次打仗多次退却，鲍叔牙不认为我是胆小鬼，他知道我家中还有老母。公子纠争王位失败之后，我的同事召

忽为此自杀，可是我被关在深牢中忍辱苟活，鲍叔牙不认为我无耻，他知道我不会为失小节而羞，却为功名不曾显耀于天下而耻。生我的是父母，了解我的是鲍叔牙啊！"

鲍叔牙荐举了管仲之后，甘心位居管仲之下。他的子孙世世代代在齐国享有俸禄，得到封地的有十几代，多数是著名的大夫。因此，天下的人不称赞管仲的才干，反而赞美鲍叔牙能够识别人才。

<智慧点津>

"管"是管仲，"鲍"是鲍叔牙，两人都是齐桓公时期的重臣，又是生死至交的好朋友。他们之间的友谊可以称作中国乃至世界友谊史上的典范，用什么样的语言来表述、来形容都不会过分。后来，大家在称赞朋友之间有很好的友谊时，就会说他们是"管鲍之交"。当年，鲁迅曾对瞿秋白讲过一句话："人生得一知己足矣。"不论是管仲还是鲍叔牙，他们拥有了对方的友谊，是一生最大的财富，也是一生最大的幸福。友谊的基础是情感。如果朋友之间都能够情同"管鲍"，多一些理解，多一点真诚，那么我们前进道路上的困难就会少一些。

管鲍之交

曹刿论战

——巧等时机扭转战局

自公元前770年周平王东迁洛邑起，我国历史进入了诸侯兼并、大国争霸的春秋时代。齐国和鲁国都是西周初年分封的重要诸侯国，又互相毗邻，在当时的动荡局面下，不免发生各种矛盾，而矛盾冲突的激化，又势必造成两国间兵戎相见的结果，长勺之战正是这一特殊历史条件下的产物。

桓公偏狭意图报复

当时的鲁国据有现在的山东西南部地区，都城曲阜（现在的山东曲阜）。它较多地保留了宗周社会的礼乐传统，在春秋诸国中居于二等地位，疆域和国力较之齐国，均处于相对的劣势。至于齐国，则是姜太公吕望的封地，辖有现在的山东东北部地区的广大地域，都城临淄（今山东淄博市东北）。那里土地肥沃，又

富渔盐之利。太公立国后，推行了因其俗简其礼、因地制宜发展经济、举贤而上功、修道法、礼法并用等一系列正确的政策，因而齐国经济发达，实力雄厚，自西周至春秋，一直成为东方地区首屈一指的大国。长勺之战就是在这种齐强鲁弱的背景下爆发的。

公元前686年冬，齐国宫廷内部发生了一场动乱。齐襄公的堂弟公孙无知杀死襄公，自立为君。几个月后，齐臣雍廪又杀死了公孙无知。这样一来，齐国的君位便空置了起来。当时流亡在外的公子小白和其兄公子纠都想乘机回国继承君位，于是就发生了一场争夺君位的斗争。结果，公子小白捷足先登，率先入国抢占了君位，他就是历史上赫赫有名的齐桓公。而公子纠则时运不佳，不仅在这场权力争夺中丢掉了自己的性命，其重要谋臣管仲也被罗致到齐桓公的手下，后来成为齐桓公霸业的重要奠基者。

鲁国在这场齐国内部斗争中是站在公子纠一边的，并曾经公开出兵支持公子纠回国争夺君位。但乾时一战，损兵折将，大败而归。鲁国的所作所为，导致齐鲁之间矛盾的进一步激化，齐桓公本人对此更是耿耿于怀，不肯善罢甘休，终于造成了长勺之战的爆发。

知识链接

长勺

长勺是地名，位于现在的山东莱芜市东北。除了有"长勺之战"遗址外，当地还有齐长城、齐鲁夹谷会盟遗址、底蕴深厚的矿冶历史文化和莱芜战役纪念馆。公元前684年，齐、鲁两个诸侯国交战于长勺，最后以齐国的失败，鲁国的胜利而告终，此即长勺之战。长勺也是现在的莱芜街道名称。长勺之战遗址位于现在的山东莱芜市杓山寨西侧方圆四五千米的开阔地带，从莱城区出发向东北方向行19千米便可到达。其南、北、东三面环山，地形平缓，极易布阵。此地也因为历史上的那次战争而载入史册，名闻遐迩。

公元前684年春，齐桓公在巩固了君位之后，自恃实力强大，不顾管仲的谏阻，决定兴师伐鲁，以报复鲁国一年以前支持公子纠复国的宿怨，企图一举征服鲁国，向外扩张齐国的势力。

曹刿论战一鼓作气

当时鲁国执政的是鲁庄公，他闻报齐军大举来攻，决定动员全国的力量同齐军一决胜负。

就在鲁庄公准备发兵应战之时，鲁国有一位名叫曹刿的人认为当政者庸碌无能，未能远谋。他不忍心看到自己的国家遭受齐

国军队的蹂躏，因而向庄公表示要求参与战事。

　　鲁庄公正准备迎战，平民曹刿请求庄公接见。曹刿问："您要怎么和齐国作战呢？"庄公回答："这个问题我也还在思考中。"

　　鲁庄公说，对于衣物食品之类的东西，总是要分赐给臣下，不敢独自享用。曹刿指出，这样做不过是小恩小惠，不能施及全国，民众是不会出力作战的。鲁庄公又说，自己对神明是很虔敬的，祭祀天地神明的祭品从不敢虚报，很守信用。但曹刿认为，对神守点小信未必能感动神明，神也是不会降福的。鲁庄公想了一下又补充道，自己对待民间的大小狱讼，虽然不能做到明察秋毫，但是必定准情度理地予以处理。接着曹刿问道："那您想过与齐国交战的后果会是怎么样吗？"庄公说："这个我也清楚，可是他都欺负到我们国家的头上了，我难道要当缩头乌龟吗？虽然我们赢的机会很小，但还是得放手一搏，可是这就苦了百姓咯！"曹刿听了鲁庄公的话，觉得很有道理，认为他是个难得的明君，尽到了君主的责任，为老百姓办了好事，具备了同齐国决一胜负的基本条件了。为此，他请求随同鲁庄公奔赴战场，鲁庄公允诺了他的这一请求，让他和自己同乘一车前往长勺。

　　鲁军根据齐强鲁弱的客观形势，在长勺迎击来犯的齐军。两军都摆开了决战的架势，待布阵完毕后，鲁庄公准备传令擂鼓出击齐军，希望能够先发制人。曹刿见状赶忙加以劝止，建议庄公坚守阵地，以逸待劳，伺机破敌。鲁庄公接受了曹刿的这一建

曹刿论战

议，暂时按兵不动。齐军方面求胜心切，凭借强大的兵力优势，主动向鲁军发起猛烈的进攻。但它接连三次的出击都在鲁军的严密防御之下遭到了挫败，未能达到先发制人的作战目的，反而造成自己战力衰落，斗志丧失。曹刿见时机已到，建议庄公果断进行反击。庄公听从他的意见，传令鲁军全线出击。鲁军于是凭借高昂的士气，一鼓作气，迅猛英勇地冲向敌人，冲垮齐军的车阵，大败齐军。庄公见到齐军败退，急欲下令发起追击，又被曹刿劝阻。曹刿下车仔细察看，发现齐军的车辙痕迹紊乱；又登车远望，望到齐军的旗帜东倒西歪，判明了齐军确是败溃，这才建议鲁庄公实施追击。庄公于是下令追击齐军，进一步重创齐军，将其赶出了鲁国国境，鲁军取得了长勺之战的最终胜利。

知识链接

车 战

车战在中国古代商周时期曾经是两军战斗的主要战法，战车兵是军队的主力兵种，以一乘战车和其附属的徒步士兵为一个基本作战单位。而计算各诸侯国的军事实力，也常常以战车为计算单位。车战的基本作战单位是乘。乘是以战车为中心配以一定数量的甲士和步卒（步兵），再加上相应的后勤车

辆与徒役编组而成。所以乘是车、卒组合的基本单元，也是当时军队的基本编制单位。古代车战分攻、守两种，攻车直接对敌作战，守车用于屯守及载运辎重。一般文献中所称的战车即指攻车，又称兵车。考古发掘证实，商代的战车为四马两轮，木质结构，重要部位一般还饰以青铜车器，西周和春秋时期战车的形制大体略同，四马两轮式战车是中国车战的定型用车。

　　战争结束后，鲁庄公向曹刿询问是役取胜的原委。曹刿回答说："用兵打仗所凭恃的是勇气。第一次击鼓冲锋时，士气最为旺盛；第二次击鼓冲锋，士气就衰退了；等到第三次击鼓冲锋，士气便完全消失了。齐军三通鼓罢，士气已完全丧尽，而相反，我军士气正十分旺盛，这时实施反击，自然就能够一举打败齐军。"接着曹刿又说明未立即发起追击的原因：齐国毕竟是实力强大的国家，不可等闲视之，而要谨防其佯败设伏，以避免己方不应有的失利。后来看到他们的车辙紊乱，望见他们的旌旗歪斜，这才大胆地建议实施战场追击。一番话说得鲁庄公心悦诚服，点头称是。

　　长勺之战是齐桓公争霸斗争史上一次少有的挫折，也是鲁、齐长期斗争中鲁国的一次罕见的胜利。它对齐桓公调整完善自己的争霸战略方针具有一定的影响。

<智慧点津>

　　从曹刿战前决策、战场指挥和战后分析的诸多言行里，我们可以看到鲁军取得长勺之战的胜利乃有其必然性。鲁国统治者在战前进行了"取信于民"的政治准备，为展开军事行动创造了有利的条件。在作战中，鲁庄公又能虚心听取曹刿的正确作战指挥意见，遵循后发制人、敌疲我打、持重相敌的积极防御、适时反击的方针，正确地选择战场，正确地把握反攻和追击的时机，从而牢牢地掌握了战争的主动权，赢得战役的重大胜利。可见，长勺之战的规模虽然不大，但它真实地反映了弱军对强军作战的基本规律和原则，因此一直为历代兵家所称道。

庆父不死，鲁难未已

——被一个人搅乱的政坛

庆父（？—公元前660年）是春秋时鲁桓公之子，鲁庄公的异母弟弟。又称仲庆父、共仲或孟氏。鲁庄公姬同有三个弟弟：庆父、叔牙、季友。其中，庆父最为专横并拉拢叔牙作为党羽，一直蓄谋争夺君位。鲁庄公于其在位的第三十二年生了病，因为夫人哀姜没有生子，既无"嫡嗣"，便从"庶子"中议立。鲁庄公与三弟叔牙商量，叔牙因受其二哥的收买，主张立庆父；与四弟季友商量，季友力主立鲁庄公与其宠姬的生子公子般，并逼叔牙以死表明拥立般。

庆父乱国

鲁庄公躺在病榻上，反思自己掌政的三十二年，虽没有大作为，但也没有大失误，心里倒安然。可身后之事令他心神难安，夫人哀姜没有生子，哀姜的妹妹叔姜生了公子启，自己最宠幸的爱妾孟任生了公子般，而另一妾成风生了公子申，由谁来继承王位呢？三个儿子中庄公最看重的是般，可是他心里明白，由谁继位，他的三个弟弟是关键。大弟庆父凶残专横，庄公隐隐约约地知道他与哀姜关系暧昧，所以不愿见他，于是就叫来二弟叔牙商议后事。谁知叔牙早被庆父收买，极力推荐庆父，庄公没说什么。庄公又叫来三弟季友商议，季友明白庄公的心意，便盛赞公子般的仁德，表示愿意竭力拥戴般继承王位，此事就这样敲定了。

知识链接

三 桓

三桓，即指鲁国卿大夫孟氏、叔孙氏和季氏。鲁国的三桓起源于鲁庄公时代（公元前693年—公元前662年）。鲁庄公的父亲鲁桓公有四个儿子，嫡长子鲁庄公继承鲁国国君，庶长子庆父（谥"共"，又称共仲，其后代称仲孙氏。庶子之长又称"孟"，故又称孟氏、孟孙氏），庶次子叔牙（谥"僖"，其后代称叔孙氏），嫡次子季友（谥"成"，其后代称季氏）皆按封建制度被鲁庄公封官为卿，后代皆形成了大家族，由于三家皆出自鲁桓公之后，所以被人们称为"三桓"。

秋风萧瑟的八月，庄公驾崩，季友设计毒死了叔牙，孤立了庆父，宣布遗诏，让公子般登上了王位。庆父哪能忍得下这口恶气，在密室里与哀姜就谋划起来，两人一致的意见是除掉新君。那么让谁继位呢？哀姜极力怂恿庆父登基。庆父认为时机尚未成熟，笑呵呵地对哀姜说："美人啊，莫要慌张，这点小事不用着急，一切都在我的计划之中，这王位逃不出我的手掌心，美人就等着做我的王后吧！"说完大笑三声。庆父打算先让八岁的启当个傀儡，再伺机而动。而启是哀姜的亲外甥，于是她也就同意了。恰巧般的外公去世，趁般去吊唁的时候，庆父发动政变，让启当了国君，这就是鲁闵公。同时，庆父派人在途中截杀了公子般。季友感到了威胁，赶快带着公子申逃到邾国去了。哀姜、叔姜都是齐国公主，闵公自然是齐国的外孙，庆父仍然感到新君地位不稳，就慌慌张张地跑到齐国去争取援助。他对齐桓公卑躬屈膝地说："大王啊，您是这个时代最伟大的霸主，我们都对您心悦诚服，您只要一声令下，我们定会赴汤蹈火，在所不辞的。因此，俺有一个小小的要求，对于大王来说只需要轻轻地点个头即可。"这个马屁可以说拍到了齐桓公的心坎里。听了这么一番阿谀奉承的话，齐桓公被自己高大的形象一下子给迷住了，于是趁着这股热乎劲就爽快地答应了他。

　　此时的庆父越发猖狂，一副小人得意的样子，于是随意诛杀异己，欺压良善，与哀姜的亲密接触也毫无顾忌了。第二年，庆

庆父不死，鲁难未已

父和哀姜就肆无忌惮地杀掉了闵公，自立为国君了。

天网恢恢

这一下子可闹大了，齐桓公于是坐不住了，他作为中原霸主，对邻国的动乱不能不问，况且被杀的是哥哥的外孙。这年的冬季，齐桓公派大夫仲孙湫以吊唁的名义去鲁国查看情形，准备采取措施。仲孙湫，《春秋》中称之为"仲孙"，也是在赞美他。仲孙湫回国后对齐桓公说："庆父可是一大祸患啊！不除掉庆父，鲁国的祸难没完没了。"齐桓公说："怎么样才能除掉他？"仲孙湫回答说："祸难不止，将会自取灭亡，您就等着吧！"齐桓公说："鲁国可以取得吗？"仲孙湫说："不行。他们还遵行周礼。周礼，是立国的根本。下臣听说，国家将要灭亡，如同大树，躯干必然先行仆倒，然后枝叶随着落下。鲁国不抛弃周礼，是不能动它的。您应当从事于安定鲁国的祸难并且亲近它。亲近有礼仪的国家，依靠稳定坚固的国家，离间内部涣散的国家，灭亡昏暗动乱的国家，这是称霸称王的方法。"于是，齐桓公立刻派将领到鲁国平定叛乱。

鲁国人见庆父连杀两位国君，又胡作非为，早已满腔愤怒，听说齐国要对付他，就纷纷起来反抗庆父。这时身在邾国的季友发出讨伐庆父的檄文，檄文中说"庆父小儿，竟敢弑君闵上，实在是罪大恶极，罪当处斩，罪不容诛"。这篇檄文发布之后，季友立刻拥戴公子申为国君，国人热烈响应。庆父自知罪孽深重，

又寡不敌众，仓皇逃到莒国去了。一路上，他惶惶如丧家之犬，急急如漏网之鱼，边跑还边说："真是谁都靠不住啊，天下大事还是要自己来，实在不能掉以轻心。"

季友带公子申回国，并立为新君，这就是鲁僖公。鲁僖公继位后，知道庆父这个人继续存在，对鲁国是个严重的威胁，便请求莒国把庆父送回鲁国。庆父想要让公子鱼代他求情，言辞极其低下。公子鱼哭着回来了，庆父听到哭声后说："这是奚斯（公子鱼）的哭声啊！"庆父自知罪孽深重，回到鲁国没有好下场，可怜巴巴地在路上走了三天三夜，实在忍受不了这种折磨，就自杀了。

知识链接

鲁僖公

公元前662年，鲁庄公薨，其继任者公子般和鲁闵公均处于庄公弟庆父的控制下，先后在位两个月和两年而薨。最后是季友辅佐年少的姬申即位，是为鲁僖公。国乱主少，季友的权势是不小的，在鲁国也确实起到了柱石的作用。渐渐地僖公也能利用三桓和众臣（如臧文仲）的势力相互牵制，国政也渐渐有了起色。到僖公十六年季友、公孙兹死，僖公已经完全掌握了国政。从公元前643年齐桓公死，齐国内乱，

庆父不死，鲁难未已

一直到公元前632年晋楚城濮大战，天下都处于"无伯"的状态，形势变幻莫测，中小国家的生存环境极其严酷。就是在这十年的特定历史时期和环境里，鲁僖公倾其心血治理国家，使鲁国再度强盛。

＜智慧点津＞

"庆父不死，鲁难未已"的典故出自《左传·闵公元年》，大意是如果不除去庆父，鲁国的灾难是不会终止的。比喻不清除制造内乱的罪魁祸首，国家就得不到安宁。亦指无法了结、停止的事物。"庆父不死，鲁难未已"是历史的惨痛教训。庆父图谋不轨，其实不是什么秘密，连齐国人都知道，阴谋变阳谋，但鲁人对他还是无可奈何，眼睁睁地看着惨剧发生。试问，这是谁的责任呢？国君、公族还是国人？要想国家发展，和谐团结是第一要务。

卫懿公好鹤

——一个玩物丧国的典型

因为沉迷于某种偏爱而引发严重后果的君主，可以说是史不绝书。不过像春秋时期卫懿公那样，爱仙鹤爱得如醉如痴，且举国皆知举国皆怨，又且引发亡国之严重后果者，还的确不多。

卫懿公（？—公元前660年），姬姓，卫氏，名赤，卫惠公之子，春秋时期卫国第十八任国君，公元前668年至公元前660年在位。卫懿公继位后，终日只知奢侈淫乐，喜好养鹤，竟赐给鹤官位和俸禄，因此遭致臣民怨恨。公元前660年，狄人攻打卫国，卫懿公兵败被杀。卫国经此变故，由大国成为小国。

卫懿公玩物丧志

卫国当时所在地是现在的河南鹤壁、安阳一带，国都所在地是现在的淇县。当春秋时代，这里土地肥沃，水草植被丰茂，是

卫懿公好鹤

63

仙鹤栖息的绝佳场所（关于生态环境这方面，《诗经·卫风》中的名篇《淇奥》、现存地名"鹤壁"等，均可为证）。古人懂得人与自然和谐相处的道理，喜欢自己家园中的秀丽山川，喜欢形态优美、叫声嘹亮、颜色素雅且朝夕相见的仙鹤，十分正常。

懿公为惠公之子，那也是春秋时代的一位"名君"。这卫懿公有个特别爱好，就是喜欢养鹤。鹤的洁净羽毛、修长颈项、亭亭而立的身姿，常常让他喜不自胜、如痴如醉。他整日驯养仙鹤舞蹈鸣唱，不理国政，不恤黎民。俗话说"上有所好，下必甚焉"。只因懿公好鹤，凡是献鹤的都有重赏，而那些想求官邀宠的大小官吏便千方百计驱使百姓捕鹤。卫懿公好鹤，于是他的宫中到处都养着鹤，宫苑不够了，就不断扩建，百姓负担越来越重。而那一班养鹤的人，却都享受高官厚禄。

知识链接

鹤

鹤是鹤科鸟类的通称，是一些美丽而优雅的大型涉禽。鹤科分为鹤亚科和冕鹤亚科2个亚科，4属15种。其中鹤亚科有3属13种，在南美洲以外的各大陆均有分布，而在东亚种类最多。中国有2属9种，占世界15种鹤的一大半，是鹤类最多的国家，这9种鹤全部是中国的国家重点保护野生动物。鹤

亚科后趾小而高位，不能与前三趾对握，因此不能栖息在树上。冕鹤亚科有1属2种，特产于非洲。冕鹤与鹤不同，可以栖在树上。鹤在中国文化中有崇高的地位，特别是丹顶鹤，是长寿、吉祥和高雅的象征，常与神仙联系起来，又称为"仙鹤"。

卫懿公按品质、体姿将鹤封为不同官阶，享受相应俸禄。卫懿公出游，这些鹤也分班侍从，各依品第，乘载于华丽的车中。卫国平白增加了成百上千的"官"，每个官都有各自的侍从、宅第、俸禄、车乘，凡此种种都需要钱。国库不够，卫懿公就下令向百姓强征，至于百姓的温饱，他全然不顾。

外族人趁乱来袭

卫懿公好鹤荒政，卫国人心离散的消息传到北狄。北狄王正愁手下数万骑兵无猎可狩，于是率二万骑兵向卫国突袭而来。

一日，卫懿公正要载鹤出游，谍报传来：北狄入侵。卫懿公大惊，急忙吩咐诸大夫准备迎战，但军民逃避村野，不肯御敌。卫懿公让司徒抓得数人，问道："为何逃避？"

众人齐声说："君只要动用一物，就可迎敌，要我等何用！"

卫懿公疑惑地问："什么东西？"

众人答道："就是你的鹤啊！"

卫懿公更加困惑了，说："鹤怎能御敌？"

卫懿公好鹤

众人回答："鹤既不能御敌，就是无用之物，主君敛刮民财豢养无用的东西，百姓怎能臣服？"

听到百姓们的质问，卫懿公顿时感到脸上火辣辣的。看到局面很可能就要失控，他马上向大家提出了恳求——自己现在就把所有的鹤无偿地送给大家，希望大家能够帮自己去抵御外敌。

随即，卫懿公就让人把宫中所有的鹤都往外赶。但是这些鹤被圈养惯了，和众人玩起了"躲猫猫"，你进我退，你追我闪，自始至终都不离开自己的老窝。而此时，狄兵已经杀入国境，卫懿公顷刻间接到三次战报。石祁子建议马上向齐桓公求救，但被卫懿公给否定了，因为先前齐桓公曾经来攻打过卫国，虽然最后退兵，但是卫国和齐国的关系并没有恢复正常，故而卫懿公有些担忧。于是，卫懿公决定靠自己的一己之力和北狄人拼死一战，到时候说不准谁胜谁败呢。闹不好老天会帮自己一把，给北狄几个闪电，把他们给劈走呢！

知识链接

北 狄

北狄的称谓最早始于周代，古汉族自称华夏，便把华夏周围四方的族人，分别称为东夷、南蛮、西戎、北狄，以区别华夏。北狄是古代华夏人对北方少数民族的统称。春秋中叶以后，狄与戎在地域上有明显的不同，但整个春秋时

卫懿公好鹤

67

代，乃至战国中叶以前，戎、狄仍往往混称，有些部落仍兼有戎与狄两种称号。这种情况以及春秋北狄诸部的姓族，陕北、山西、河北诸地的戎、狄文化遗存，都说明春秋时期的戎与狄只是地域分布有明显区分，族类却比较接近。

于是，卫懿公把随身携带的一块玉佩交到了石祁子手中，作为让他代理国政的信物。交给宁速一支象征军权的箭，让他用心守卫都城。临走时卫懿公还发誓，不胜北狄，自己绝不回城。一切交代完后，卫懿公整顿车马，拜大夫渠孔为将，于伯为副将，黄夷为先锋，孔婴齐为后队。

一路之上，士卒口中都悄悄地唱着哀歌，卫懿公在车中听得不是很准，所以便夜晚偷偷去听。很快，他听到了全部歌词——"鹤食禄，民力耕；鹤乘轩，民操兵。狄锋厉兮不可坏，欲战兮九死而一生！鹤今何在号？而我往往为此行！"

听到这些怨恨自己的歌词，卫懿公心中很是痛苦。因为士兵心中积攒了太多的苦，毫无士气可言。

卫懿公终于认识到自己的错误了，他说："我知道错了，驱散鹤群，善待人民吧。"

于是令大夫驱赶鹤群，到百姓中转述卫懿公悔过之意。人们这才勉强聚集起来，与卫懿公君臣一起抵抗狄人。但毕竟人心不齐，加上从未训练，终究不敌狄人勇猛，遭致全军覆没，卫懿公也被狄兵剁为肉泥。后来大夫弘演在战场寻找卫懿公，一名小内

待指着一堆血肉说"这就是懿公的尸体"。弘演看时，尸体已零落不堪，仅存内脏。狄人在卫都烧杀抢掠，洗劫一空，又毁其城池，满载而归。

卫懿公作为一国之君，贪玩宠物，最终把国家连同自己的小命也玩进去了。所谓玩物丧志，用在卫懿公身上，是再贴切不过的了！

<智慧点津>

卫懿公是卫国君主，不是普通人，身系一国安危，喜怒哀乐不能想怎样就怎样。卫懿公对仙鹤喜欢得过度，以至"鹤有乘轩者"。"轩"是当时一种有帘帷的轻便马车，相当于大夫的配给标准。"鹤有乘轩者"直解就是让仙鹤乘轩车，引申一点理解，可能就是让仙鹤享受到了大夫的级别和待遇。卫懿公喜欢仙鹤的时间比较久，还很张扬，搞得尽人皆知。整天跟仙鹤交朋友，哪里还有心思对待国政？且卫懿公看鹤比人还金贵，完全不顾人民的死活，所以，在国家有难的时候，人民不愿帮助国君，也是理所当然的了。

卫懿公好鹤

骊姬之乱

——一场起于萧墙的灾祸

在春秋时期，如果说要找一个像妲己、褒姒那样对一个国家几乎造成颠覆性影响的女人，这个人当属骊姬。骊姬是晋献公的夫人，她得宠之后，为了获得长久的安逸和享受，把工于心计、心狠手辣的本事发挥到了极致。围绕着权力之争，晋国的宫闱之中发生了一场血雨腥风的暗算，这个事件最后造成的波折几乎撼动了晋国王庭。

齿牙为祸

春秋时期，晋献公算得上是一个颇有作为的诸侯王，他在位二十六年，奉行尊王政策，开疆拓土，威服四方。公元前655年，他趁向虞国借道讨伐虢国的机会，同时征服了两国，后来三十六计中的"假道伐虢"的典故讲的就是他。然而，就是这样

一位英雄人物，在处理家庭问题上很不得法，耳根子软，宠信小老婆，于是晋国上演了一出把太子逼得自杀，把其他的儿子全赶出国去的悲剧。

桐叶封晋

西周分封，有一个国家叫作晋。晋在现在的山西，所以山西至今还简称晋。有一个传说，当年周武王死后，成王继位。周成王继位时很年轻，还是个孩子。一天，周成王和他的弟弟叔虞在一起玩儿，周成王用桐叶撕一撕，削一削，削成一个玉珪的形状。珪是一种玉器，长方形上面有个尖。这是个信物，古代分封诸侯的时候，王室颁给诸侯一个珪，表示对你的委任。周成王拿着这个珪形桐叶，对弟弟说"封你做诸侯"。本来两个小孩子过家家，开玩笑，结果在旁边的史官听见了，就当真了，君无戏言啊，君主说话怎么能不算数呢？金口玉言。好，将错就错，周成王就封叔虞做了晋国的诸侯。这就是"桐叶封弟""桐叶封晋"的传说。按照周代的礼法，就是天子的儿子一开始也得从士做起。后来叔虞就做了诸侯了，是晋国的始封君。

晋这个地区是个战略要地，戎、狄杂处，政治、文化环境都非常复杂。随着西周解体，诸侯势力大起来了，这个时

骊姬之乱

候晋国就一马当先，开始兼并土地和周围大大小小的诸侯，势力逐渐强大起来，在晋文公重耳的爷爷晋武公和父亲晋献公这两辈人时达到高峰。

那么，晋献公到底怎么就把太子逼死，把其他儿子逼跑了呢？那还得从公元前672年，晋献公对骊戎一次讨伐说起。晋献公准备讨伐骊戎，讨伐之前，按古代习惯要占一卦，看看吉凶。史苏占完卦以后看了看卦相，说了四个字"胜而不吉"，说这次去打仗，能胜但是最终的结果不吉利。晋献公一听，咦，怎么回事？史苏就说，这个卦相有两条纹，纹是合上的，像一张嘴的唇，纹上有一条竖的骨头一样的纹路，就像嘴里面含着块骨头，这就叫作"齿牙为猾（祸）"，也就是说，这场战争要导致口舌是非，引晋国混乱。

晋献公一听就火了，这简直是胡扯啊！于是他就去打骊戎。战争很简单，晋献公打败了骊戎，还获得了一个额外战果——骊国国君进献的绝代美人。朝野大喜，于是就摆酒席庆祝，大家都高高兴兴的。

这时候，晋献公想起了史苏在战前的话，于是在吃饭的时候，只给史苏酒，不给菜肴，还让人告诉史苏说"这是在罚你"。你不是说"胜而不吉"嘛，你看看我今天打仗，我打胜了，我全须全尾地回来了，而且我还带着一个漂亮的女人，哪儿有不吉！史苏也没办法，只能不吃菜光喝酒，说道："卦相上是

这么说的，我不能隐瞒，隐瞒了以后将来出了大问题，我可担待不起，那时候就不是不给我菜这样简单了！"

大庭广众之下，一个史官受了罚，他自然要成为一个焦点人物。等到酒席宴结束了以后，大家就问他是怎么回事。史苏就说："这个事情得辩证地看，今天是胜利，胜利以后会带来什么就谁也说不准了。当年夏桀（夏朝的最后一代君主），去伐一个叫有施的国家，把人家打败了，结果弄回来了妹喜，最后亡夏国的，就是这个女人。商纣王去伐一个叫有苏的国家，有苏国打不过商纣王，就献一个相当于特务的美女妲己，搞垮了商王朝。还有周幽王去伐一个叫有褒的国家，结果弄了个褒姒，西周也完了。"

巫 史

古代巫跟史连得很紧，工作性质很相似，干的都是沟通天人的事。他们把占卜和应验与否的记录记下来，就是史料了。在沟通天人、寻找吉凶的时候，他们就是巫。他们记述历史，总是试图从历史当中找出一个规则性的东西，这是巫史的学问。巫史后来变成史官，把"巫"的那层去掉，他们的学问就变成历史之学。所以在春秋时期，最懂得历史、最有学问的是这批人——巫史。

骊姬之乱

骊姬夜泣

晋献公对这位新娶的年轻太太骊姬喜欢得不得了，为了讨她欢喜，首先是立她为夫人。之前，晋献公已经有许多夫人了，其中一位夫人来自齐国，生了一个儿子，就是太子申生。另外两个胡姬是姐妹，一个生了公子重耳，一个生了公子夷吾。晋国已经有太子了，现在要立骊姬做正夫人，按照古代家庭制度，这就有问题，将来嫡夫人所生的儿子怎么办？晋献公也知道这个问题，但他太喜欢骊姬了。当然，他也有办法——去问神。于是，他去占卜。

古代占卜有两大流派，一派就是用龟甲兽骨，正面写个文字，反面凿成丁字形的纹，然后烧，"噗"这么一响，之后看裂纹，由裂纹看吉凶；另外一派占卜是蓍草算，拿50根蓍草，拿出其中1根不用，用49根蓍草算，这就是八卦，《周易》的算法。晋献公用龟甲占的办法一占，不吉利，很不甘心，就再用蓍草算一算，结果很吉利。晋献公说咱们就听这个的！但当时占卜的官员就说，用龟甲占卜的权威性大，还应该听从龟甲占卜的结果。晋献公自欺欺人，连忙说不用不用。晋献公就如愿立了骊姬为夫人。

骊姬当上了夫人，这只是第一步，她心里清楚，自己在晋国没有人缘、根子浅，一旦失去了晋献公的宠爱，所有的荣华富贵都会付诸东流，只有想办法拥立自己的亲生儿子当太子，将来才

能过上高枕无忧的生活。但是怎样才能立自己的儿子当太子呢？于是骊姬就向和自己有私情的优施问计。优施是专门逗君主笑的优人，很有才干。他说从太子申生下手，这个人忠厚老实，比较好欺负。优施就让骊姬在晋献公跟前哭，这就是著名的"骊姬夜泣"的故事。骊姬陪着晋献公睡觉，睡到半夜三更，骊姬翻个身就在那儿嘤嘤啜泣。献公听到哭声就问，你为什么哭啊？骊姬先是不说，越不说，晋献公就越好奇。然后骊姬转过身来就说："你干脆杀了我们娘儿几个吧。"就是让献公杀了她和妹妹及二人所生的儿子奚齐和卓子。晋献公问："好端端的为什么杀你们娘儿几个呢？"骊姬就说："你不杀我们，将来早晚有人杀我们！"这就把话头引向太子了。骊姬接着说："你现在这么疼我们母子，宫里宫外早就有议论，说我是在祸乱晋国，女人是祸水，有人早就看不惯了！"

献公说："不、不，申生是个仁厚的人。"骊姬一听这话，就开始理论了："我听说真正仁厚的人，反而是不顾小情的。将来没有你了，他为了对国家好，对百姓好，一定会对我们下手的。"骊姬还说："不信你试试，你把权力交给他试试。"耳朵根子软的晋献公听了，就觉得有道理，对太子申生有了猜忌。

之后骊姬又买通了两个人，一个叫梁五，一个叫东关五。这两个人是晋献公的男性性奴。骊姬就让他们两个给晋献公吹枕边风，把太子申生派到曲沃这个地方做大员。然后又吹风，把重耳

75

吹到蒲去镇守，把夷吾吹到屈去镇守。骊姬这一招一方面把可能的竞争对手都支开，另一方面这三位公子，其中还有太子，每个人都有其新任职责，这是在暗示大家，以后继位君主的事，他们三人没戏了。大臣对此，也看得非常清楚。

晋国内乱

经过努力，事情按照骊姬的盘算顺利进行。为了彻底铲除太子，下一步就是让申生带兵打仗。这件事一般作为太子是绝对不能做的，但有了骊姬他们的吹风，献公竟然让申生去带兵打仗。这对太子是两难的事，打胜了仗，老百姓歌颂你，老君主心里就不舒服；打败了呢？打败了正好收拾你。所以成也不好，败也不好。因此申生被派出带兵打仗时，大臣们议论纷纷，意见不一样。有人说，尽心尽力吧；有人说，干脆跑了吧。申生则是父亲让他怎么做，他就怎么做。有人劝他跑的时候，他就说"天下没有不孝敬父母的地方"。有人让他去向父亲告发骊姬，申生说："我的父亲年纪也大了，没有骊姬，他吃不下饭，睡不着觉，当孝子就不能去害父亲。"

申生带兵打仗胜利了以后，晋献公心里五味瓶打翻了。等骊姬再去吹风，晋献公就说："这个事情你不用再说了，我已有处置的办法了，只是当下找不到机会，抓不到把柄而已。"

有一天晋献公做了个梦，梦见申生的母亲齐姜了。第二天，他就把昨天睡得不好、梦见齐姜的事情说了。骊姬一听，机会来

了！古代一般梦见了谁，白天就要给他烧烧香，祭祀祭祀，给点儿冷猪肉，说几句好话。骊姬让太子赶紧去曲沃祭祀他死去的母亲。按照古代的习惯，祭祀完鬼神，上贡的肉要拿回来，给有关的活人吃，这叫分福。于是申生照规矩，把肉和祭神的酒拿回来交给父亲。他回来的时候，正巧晋献公外出去打猎，肉就没有直接交给父亲，而是交给了骊姬。骊姬就在酒肉中放了药，等晋献公打猎回来了以后，骊姬让下人把肉端了出来，准备给献公。就在端酒肉出来的时候，骊姬一副很认真的样子，说等一等，检查检查有没有问题啊？然后她把酒倒在了地上，地上当时就鼓起一个大包，接着弄来条狗，把肉给狗吃，狗当时就死了。这样还不放心，又弄了个小臣——买来的奴才，给他吃，结果也一命呜呼了。

献公一看这个情形，大怒，也不加考虑，就认定这是太子要害自己。太子申生听到这件事，就跑到了曲沃那里躲避。申生跑到曲沃以后，有记载说，骊姬还跑到了曲沃，向申生哭诉，逼申生早点儿自戕，结果骊姬一走，申生就上吊死了。

重耳、夷吾是诸多公子中较为有才的两位，必须全部把他们除掉。骊姬一副为丈夫除害、除恶务尽的样子，对晋献公说申生害父亲这个事情，不是他一个人干的，他一定有同党。他的同党是谁？他的同党就是重耳和夷吾！晋献公的脑袋早让骊姬一伙的吹风给吹麻痹了，想也不想，马上派兵追，一个个捉拿归案。就这样，重耳和夷吾也都跑了。

骊姬之乱

重耳就往自己的封地蒲跑。刚跑到蒲，他父亲派的人就来了。这个人叫寺人披。寺人就是后来的太监，就是宦官，这种人，身心受了很大的摧残，性格畸形，非常冷酷。他奉命追重耳，追得很快，晋献公让他一天到蒲，他当天就到了。重耳一看父亲派人来了，不想反抗父亲派来的人，就只有跑！但这个寺人披的速度太快了，重耳还没出院子，寺人披就到了。重耳跳墙就跑，寺人披一把就把他的袖子薅住，紧接着上去就是一刀。幸亏重耳的手抽得很快，寺人披这一刀只砍下了他的半个袖子。重耳慌慌张张地逃跑了。

晋国是不能待了，那就只能往亲戚家去了。重耳没办法，只能跑到北狄的舅舅家。夷吾跑得比重耳稍微晚点儿，他也是北狄外甥辈，也想往北狄跑。他手下谋士就说，不能再往那儿跑了，重耳跑过去了，你再跑过去，别人就会说，你们是一伙儿的。咱们得另选个地方。于是他们就另选了梁这个地方去避难。

骊姬在为自己的儿子夺继位权的整个过程当中，在实现她的目标的一系列措施中，用了多样手段，调动了宫中整群的黑暗势力。所以，论心计之深，手段之狡猾毒辣，在春秋时期所谓的"坏女人"当中，骊姬应该拿头牌。

　　骊姬作为战利品来到晋宫，成为献公最为喜爱的妃子。在献公的宠爱下，她享受着锦衣玉食的生活，但是她的命运并不由自己主宰。她明白，此时向她奴颜婢膝的宫妃们所惧怕的不是骊姬本人，还是她背后的男人——晋献公。献公在，骊姬在；献公亡，骊姬亡。因此骊姬所做的一切都是要保住自己的命。面对无法掌控的未来，她只有依靠另一个男人——自己的儿子，才能够维持现有的一切，于是悲剧开始了。在骊姬的策划下，重耳、夷吾被迫逃亡，晋国内乱，为之后的衰败埋下了祸根。史官记录了这一切，不约而同地看到了骊姬的阴险。这被古代的文学家和史学家们称为"红颜祸水"，这种现象的背后是男权社会对话语权的控制和对女性的异化，女人只有依靠男人才能掌握命运，以致演绎出许多朝代中残酷的后宫争斗故事。

骊姬之乱

重耳流亡

——十九年的磨难与坎坷

春秋五霸中，继位称霸之前，论经历磨难、遭受颠沛流离之苦，大概谁也比不过晋文公重耳了。公元前651年，晋献公驾崩之后，晋国爆发了一场惊天政变。这场变故将晋国公子重耳推到了历史前台，他获得了一个登上王位的千载难逢的好机会。但是，在晋国内外一片支持声中，重耳决意不接受王位，而晋国的另一位公子夷吾却顺势登上王位，成为晋国的新国君，这就是历史上的晋惠公。他的上台立即给重耳造成了巨大的威胁，无奈之下，重耳只好选择了长达十几年的流亡生涯。

重耳让国

重耳在北狄的舅舅家躲避灾难，到第四个年头的时候，晋国内部发生了混乱——晋献公死了。当时太子申生死了，重耳、

夷吾跑了，按说这个时候骊姬的儿子奚齐可以上台了，可事情没有那么简单！在晋国国内，太子申生和两大公子，都有自己的势力，这些势力各自拥戴自己的主人。在新君继位的问题上，里克、荀息和邳郑是三个关键人物。

里克本来是向着太子的，也很看重重耳。老君主一死，他就找到了荀息，希望他不要拥立奚齐为君主。荀息说："我受老君主之托，就不能食言，老君主刚死，就要杀他宠爱的儿子，这事我做不出来！"

里克一看荀息是这样的态度，就去找邳郑。邳郑愿意合作！于是，里克就动手把奚齐杀了。奚齐没有当上君主还丢了性命，骊姬机关算尽却是瞎忙一场。

荀息一看里克杀了奚齐，马上立了卓子。里克又跟邳郑联合，把卓子也杀了。奚齐和卓子都除掉了，里克就到北狄找到了重耳，说："你父亲已经去世了，现在，我们把你继位君主道路上的障碍也清掉了，你赶紧回来吧！"

重耳当然是非常高兴，盼星星、盼月亮不就盼这一天吗？就准备答应。不想重耳的随从子犯却不同意重耳回去。子犯说："你父亲死时，你不在跟前，这么大的丧事，你是活不养，死不葬，老子尸体停在那儿，连哭都没哭一场。你现在觍着个脸回家当君主，老百姓怎么看你？你将来怎么作表率教导老百姓？"重耳却不以为然，说："反正人死了，我才继位啊。国家不乱，我怎么回得去啊？"子犯就说："你现在回去，无法稳定朝野的形势，

重耳流亡

各种势力刚开始互相拼杀，毒性还没释放完呢，你回去就是走有窟窿的桥！"于是，重耳就听从子犯的建议拒绝了来使的邀请。

孝悌

孝，指还报父母的爱；悌，指兄弟姊妹的友爱，也包括了和朋友之间的友爱。孝顺父母和长辈，这是为人子女的本分，孝顺是报答父母养育之恩。往大了说，可以是对国家尽忠，这也是大"孝"。孝敬是有感恩之心的基础，是慈悲的基础，是一切美德的基础。所以，有"百善孝为先"之说。孝悌是适应古代的宗法等级制度而提出的。以孔子为代表的儒家最重孝悌，把它推崇为最基本的道德规范，强调孝悌可以使人们形成服从统治者的习惯，防止对统治者犯上作乱。按照我国古代对政治的理解，君主负责教化老百姓的任务，百善孝为先，君主教育百姓，最重要的就是孝悌。

另一位公子夷吾却相反。夷吾这边的人，上上下下都同意他赶紧回国。夷吾身边和国内也有不少的支持者。在国内吕甥、郤芮两位大臣是他的铁杆儿。吕甥的头脑很不简单，他虽然希望夷吾早日回国当君主，但又怕现在就这么回来，晋国的老百姓对这个君主没好感，吕甥于是就跟夷吾说："你先等等，先别直接回

国，我先做做国内大臣们的工作。"

他就对国内的大臣说："国家不可一日无君，如果君主位子再空下去，邻国会有想法的！不如去请秦国帮忙，让秦国君主帮我们选一个君主吧。"这会儿秦国的国君是赫赫有名的秦穆公，他当然愿意帮忙，这是一笔不错的政治投资。国君是他立的，当然对秦国有好处。秦穆公就派人去考察两位在外面流亡的公子重耳和夷吾，看看到底该立谁。

秦国派的使者先到重耳这边。重耳对使者没有透出任何亲近感，拜手而不稽首。就是只拜手，头不至地，接着就是再拜手而不稽首，也没有私下招待秦使。秦使者接着又去看夷吾。夷吾则拜手稽首行了大礼，然后私下里会见使者，送了黄金四十镒，还有很多双白玉珩。

知识链接

拜手稽首

拜手稽首是古代汉族男子一种跪拜礼。《周礼·大祝》中有"九拜"之说：一曰稽首，二曰顿首，三曰空首，四曰振动，五曰吉拜，六曰凶拜，七曰奇拜，八曰褒拜，九曰肃拜，以享右（古代祭祀仪式之一）祭祀。拜手（空首）和稽首是九拜中最常用的礼节。稽首是九拜中最隆重的见面礼节，在跪拜时俯伏向下直至头碰到地面并且要停留一会儿。

重耳流亡

83

拜手时身体呈跪姿，两手拱合，俯头至手和心持平，头在空中而不叩头到地面。

先秦拜礼的演进序列是先有简单的拜手，随后有稍复杂些的稽首，继之出现拜手和稽首相结合的拜稽首，最后就发展到更加繁复的再拜稽首，以"拜稽首"和"再拜稽首"最为常见。总体来看，周代的拜礼随着君臣关系和尊卑意识的发展而呈递进、层累之势，它和其他事物一样处在不断演进的过程之中。

秦国的使者回去跟秦穆公汇报情况。秦穆公就说重耳这个人做事得体，国家有大的灾难，作为一个孝子就得矜持一点，不能看到这个位子，就不顾一切往前扑，不体面，不合礼法，应该立重耳。大臣反对君主立重耳，说您这样想就错了，您要是想给晋国立个好君主，让晋国强盛起来，那你就立重耳这样的人；要是想立一个将来让您自己成名的，让我们秦国得利的，那您就选夷吾。秦穆公一听有道理，就选择支持夷吾当君主。这样夷吾就回国当了晋国君主，就是晋惠公，一共在位十五年。

颠沛流离

公元前650年，晋惠公即位之后立即大肆排除异己，杀死了权臣里克、邳郑等人，重用了自己的亲信。晋惠公大权在握，却一直没有忘记一个人，他就是在晋国朝野享有很高威望的重耳，

觉得他对自己始终是一个威胁。

晋惠公派寺人披去刺杀重耳，在北狄的重耳就决定逃往齐国去。大致的路线就是从现在的山西过太行山，进入华北平原。他们出太行山后，先是来到卫国五鹿这个地方。一行人非常饥饿，荒郊野外，好不容易在田野里看到一个干活的老农，就跟他要饭吃。老农也十分饥饿，就顺手拿了一块土给重耳，说："吃吧。"重耳火冒三丈，拿起鞭子就要打。这时子犯眼疾手快把鞭子夺了，说："且慢，一个不识字的老农怎么突然想起来给我们一块土呢？这是老天爷要赏赐咱们土地呀！"重耳稽首接受了土块并把它放车上带走了。

重耳流亡到齐国，正赶上齐桓公的生命处在倒计时的时候。齐桓公倒是对这位晋国的公子很客气，给了八十匹马，桑田若干，美女一名，丫鬟若干。重耳在齐国有良田，有美女，还有好宅子，过得非常滋润。重耳觉得当个君主也不过如此嘛！所以往温柔乡里面一躺，就不动弹了。

子犯他们着急啊，尤其是一年以后，齐桓公死了，继位的那个齐孝公没出息，齐国逐渐有陷于混乱的迹象。子犯想，得赶紧走啊！为了安全，几个大臣就跑到野外一棵大桑树底下，讨论怎么能让重耳离开齐国。

本以为在野外，话一出嘴就随风刮跑了，没人听见。可巧桑树上有个小丫头在采桑。这个小丫头正是重耳在齐国的妻子齐姜的使唤丫头，回家后一五一十地把姑老爷的大臣们怎么商量的，

全都告诉了主人。小丫头本以为自己立了功，还能得点赏赐，让她没想到的是，这位齐姜却是无毒不"女子"。听完小丫鬟的这些话，齐姜不露声色地叫了几个人把小丫鬟给弄死了。之后，齐姜就找重耳说："你别再瞒我了，姑老爷，你要走，我不拦你，赶紧走！"

重耳一听，莫名其妙，没这回事啊！齐姜就把小丫鬟听来的话告诉了重耳。重耳听了还是没有要走的意思，于是齐姜就找子犯，他们定计用酒把重耳灌醉弄上车带走了。路上重耳醒了，顿时觉得不对劲，摸摸床也挺硬，枕头也不对，马上就明白过来了，自己是在车上。这一下重耳急眼了，拿起戈就奔子犯来了。机智的子犯围着车跑，恼怒的重耳就在后面追，两人在那里转圈，活像走马灯！重耳一边追，嘴里还骂："整天说要做大事，将来大事做不成，我吃了你的肉！"子犯一边跑，一边还嘴："嘿嘿，将来大事不成，我的肉不定是扔在哪儿了，难道还有谁要跟豺狼争食？将来成了大事，有人就该嫌我的肉骚了！"

齐国是回不去了，当时宋国正企图争霸，可以依靠，于是他们就往宋国去。从齐国往宋国去要经过一个国家，这就是曹国。曹国也是姬姓国家，武王弟弟曹叔震铎是这个国的始封君。在重耳他们看来，这也是亲戚之邦。

世上的事千奇百怪，令他们没有想到的是，曹国君主曹共公是个好奇心特别重的人。他不知从哪里听说重耳长了圣人之

相——骈肋，肋骨紧密相连像一个整体。曹共公特别想瞧一瞧，见识见识。曹共公提出这个要求来以后，人家当然不让看。不拒绝还好，越拒绝，他无聊劲儿就越大，非看不可！

据说在重耳洗澡的时候，曹共公去窥视人家，被重耳发现了。古代人礼法很严酷，身体是不能让人随便看的，尤其是老贵族，讲究又多，这在重耳心中造成的屈辱感有多么铭心刻骨是可以想见的。这也埋下了后来重耳争霸第一战就打曹国的祸根。

在曹国待得很不顺心，重耳也不想在这儿长待，接着就来到了宋国。宋国这时候刚刚打完那场倒霉的泓水之战，国家惨败之后，精英损失殆尽，宋襄公大腿上挨了箭躺在床上养伤，一片惨淡之象。

重耳来了，宋襄公还是给了相当的礼遇，四十匹马，当然还有其他生活用度。在宋国待了一段时间之后，重耳他们最后还是决定去楚国。楚国现在是一家独大，最能帮助重耳。

楚国很远，中间要取道郑国，这会儿郑国国君是郑文公。齐桓公争霸的时候，这个郑文公就首鼠两端，他一听说又来了一拨流亡公子，就想赶紧打发走算了。

可是他手下有个大臣叫叔詹，很有见解和胆略，对重耳的品德和才识有深刻的认识。他一听说郑文公准备轰走重耳，就来劝君主。他说了三条理由。

第一条，"同姓结婚，其生不蕃"。就是同姓结婚，生不出

重耳流亡

好孩子。可是，重耳的母亲胡姬跟父亲都姓姬，重耳却生龙活虎。这不说明重耳有老天爷帮忙吗？

第二条，晋国自从晋献公死了以后，国内一直动荡，不是天灾就是人祸，晋国国内一直在等一个有作为的君主出现。而重耳是最有可能做君主的人，将来大有出息。

第三条，跟从重耳的这批人，不论是子犯，还是赵衰，还有魏犨等人，个个都是好样的，这是能帮君主成大事的一批人。

郑文公听了以后，还是摇头。叔詹清楚，如果郑文公不能善待重耳，很有可能会为自己树立一个强大敌人。叔詹非常担忧，就又出了一个主意，让郑文公干脆把重耳一行给杀了，以免重耳成了大业，对郑国不利。对此，郑文公也不肯。重耳这才得以安全地离开郑国。

重耳一行继续往南走，来到楚国。这时的楚国，经过了春秋以来许多年的发展，已经是雄霸南方的强大国家。楚成王非常热情地招待重耳，用了最繁复的宴饮之礼——"九献之礼"。简单地说，就是宾主相互敬酒九次。

席间，楚成王就说："公子，寡人这样对你，还可以吧？"重耳说："当然好了，这么多年没受过这个礼遇。"楚王又说了："那将来你回国以后，怎么报答我们呢？"

重耳心里咯噔一下，天下哪儿有白吃白喝的，如此招待你，其实是有所图的。于是重耳赶紧给人家行礼，说："论这个美玉、高级的丝绸，你们楚国生产太多了，美女你们也太多了，另外像孔

雀啊、其他鸟的好毛、山材，以及象牙、犀牛皮革等，你们楚国用不了的剩一点给我们晋国，我们都享受不完啊！实在是没法报答你们！"楚成王就坚持说："不，你总得想办法报答寡人啊！"

重耳没办法，只好说："如果将来我们两国之兵不幸在战场上相遇，我就退避您三舍之地。"三舍，一舍三十里，近百里的路程啊。接着他又说："如果您还不饶我，我就只好左手执鞭、弓箭，右手操着箭和箭袋，跟你周旋一番了！"

楚成王听了哈哈大笑。就在与楚成王酒席间周旋的时候，重耳始终感到不自在，有一股阴森森的目光老是投向自己。这阴森的眼光就来自当时楚国的令尹，能征惯战的楚国将军子玉。酒席宴一结束，子玉就找到了楚成王，说赶紧把这群人灭掉吧，不然的话将成为楚国的大害，早晚酿成大患。

楚成王却说："堂堂一国之君随意痛杀客人，以后谁还敢到你的国家来！不能因小失大。而且我们的军队在人家君主面前发抖，那是我们治军不严。这个人，天要兴他，我不愿意用人意干涉天。让他回国去吧！"

正在这个时候，晋国来人了，请重耳他们赶紧回国。因为晋国的国内又发生了大变故，秦、晋的关系出现了新的问题。

曙光再现

晋惠公是靠秦国的支持当的君主，但回国以后并没有兑现对秦国的许诺。只是秦国提起来时给一点儿，让秦国很是不悦。另

外他对国内的大臣，答应人家的百万亩田地、珍珠、美玉不仅没有给，还把人杀了。总之，他回国后，外面背叛了秦国，里面背叛了支持他的大臣。

这时晋国发生了饥荒，就向强大的秦国求援。秦穆公治国蒸蒸日上，尽管有大臣反对接济晋国，但也有一些明智的大臣认为这个事情还得看大方向，毕竟饿死老百姓总不好。于是秦国把大量的粮食经过黄河运给晋国，帮助晋国人渡过了难关。

然而，就在一年之后，秦国也发生了灾荒，秦国反过来求救于晋国，希望得到晋国的支援和帮助。而让人万万没有想到的是，晋惠公竟然拒绝了！这样一下子就惹恼了秦国，于是两国打了起来，这就是"韩之战"。

"韩之战"实际上一开始不在韩，而是在两国边境上打，之后，秦军进到晋国的内地打。晋惠公在家里坐不住了，就派一个叫韩简的到前方去看情况。韩简回来说："秦国人比我们少，但是战斗意志比我们强。为什么？因为我们晋国做事太绝。"言下之意就是你晋惠公太狼心狗肺了。韩简又说："我们的老百姓觉得我们做事不体面，拿不出手，所以不齐心。"

晋惠公一听老百姓不齐心，那自己去吧，于是他就去打。这一打，晋惠公不是个儿，而且给他驾车的马是郑国送礼送过来的，不知道是不是听不懂晋国人的口音，反正是很不听话。马陷到泥泞里面，就不动了。这时候，有一辆晋国大臣的战车从晋惠公身边经过，晋惠公就高喊救命。大臣瞅了瞅他，说你

这个人，人的话你不听，神的话你也不听，现在是人神共愤，你就在这儿待着吧！说罢扬长而去。晋惠公不得人心，结果被秦国人抓走了。

一国之君被抓走，晋国人也急了，当时有许多老百姓跟着自己被抓的君主一起往秦国走。抓了人家的君主，在秦国这也是个麻烦。秦国人看到了，那么多晋国百姓跟着，民众情绪得正视。秦穆公可以说是抓了个大热山芋，于是他召开会议讨论对策。有大臣就站出来说道："我们还得好好对待他，别把他当成战俘，将来让他还回去。我们可以提出条件，让他的儿子到秦国做人质，这样的话，以后就捏住他，攥住他的把儿了。不听话，不听话我们就让他头疼！"

于是，晋惠公又厚着老脸回晋国接着做他的君主。后来，晋惠公的儿子，就是后来的晋怀公，来到了秦国做了人质。惠公死了，按照秦国人计划，应该接着立怀公。结果，这位晋怀公根本不让秦国人有所表现，就擅自跑回去了。秦国什么也没落着。于是秦国就决定，废掉夷吾这一系，去找重耳。这时候，正好是重耳流亡到楚国，面对子玉阴森的目光不得劲儿的时候。秦国的使者来了，重耳借机回国重振祖业，完成争霸大业。

重耳流亡

　　公子重耳深陷宫中内乱，被迫流亡异乡十九年。在这十九年里，重耳一方面没有放弃回国继承王位的野心，另一方面也没有十分地表露出自己的大志，只是暗地里做着准备工作。十九年里，时局一直在发生变化，重耳如蛰伏之蝉，通过判断自己所处的境地而选择自己下一站要去的地方，在流亡中静静地等待晋国局势的变化，最终抓住契机，乘势而起，顺利登上王位。这个故事告诉我们，身处逆境时，一方面不要忘记自己的初心，另一方面还要静静地观察局势的变化，然后抓住机遇，积极实现理想。

重耳返国

——小人求赏贤者避野

流亡公子重耳成了晋国的国君晋文公，他的命运发生了天翻地覆的变化。晋文公掌握权力后就开始封赏手下，但他最初封赏的都是一些没有什么功劳、前来占便宜的小人。这使一个叫介子推的功臣愤然出走，最终演绎出了火烧绵山的故事，也为中国历史留下了寒食节的传说。

秦穆公礼送出境

重耳在外流亡十多年，回国的梦想一直遥遥无期。但是当重耳流亡到楚国的时候，他终于等来了命运的转机。因为这个时候，晋国的老君主晋惠公死了，晋惠公的儿子本来在秦国做人质，却偷偷跑回去继承了王位，这又和秦国闹翻了，于是秦国就想凭借武力帮着晋国另立新君。

重耳返国

93

秦国看上了一直在外流亡的重耳。秦国派人来到楚国找到重耳，然后他们一行返回了秦国。在晋国这几十年的政治变幻中，秦穆公起了关键的作用。这次重耳来到秦国，他仍然十分下本钱，非常热情地招待重耳。他给了重耳五个美女，其中有一个名叫辰嬴，是秦穆公的女儿。

有一天早晨起来，辰嬴伺候丈夫重耳刷牙洗脸，她端着一个叫作匜的盥洗器给重耳洗手。重耳洗完了手，大大咧咧也没在意，就挥了挥手，意思是自己洗完了。这一下，辰嬴不高兴了，她说："我们秦国跟你们晋国是同等的国家，你怎么这么轻视我！"重耳一看，这是谁啊？一打听才知道，原来是秦穆公的女儿。

重耳慌了，赶紧脱掉上衣，把自己关到小房子里表示反省。这时候的重耳已经变得非常成熟了，知道轻重、知道隐忍，与当年拿起鞭子打老农、操起戈来追舅舅的毛头小伙，已经不可同日而语了。还是磨炼、经历和阅历增长人的智慧啊！

既然要送重耳回到晋国去当君主，秦穆公就想把文章做足，把面子给足。秦国方面准备举行一次隆重的饮酒礼。消息送到重耳这儿，大家就商量怎么办。重耳让子犯出面，子犯说："这个我办不了。"子犯这个人足智多谋，只是在文化教养上稍微逊色点。

这就涉及那个时代的中国古代文明，用一个什么词去概括它的基本特征呢？两个字——礼乐。中国古代文明是礼乐文明。

礼乐文明需要典礼，大家见了面以后，在典礼中各自展现自己的风范、展现自己的修养，来达到一种社会的协调。就说吃饭，全世界人谁不吃饭？可是在吃饭中弄出那么多礼节，那么多花样，我想可能中国人是独一份儿。所以，吃饭可不容易。我们说过"一献之礼""九献之礼"，这里边十分复杂。比如说"一献之礼"，不是由三部分构成吗？就是主向宾敬酒，宾回敬主人，然后主宾一起喝。就在主人向宾敬酒这个过程当中，主人从拿起酒杯去洗杯、倒酒、献上，这个过程要跪八九次之多，这还只是"一献"中的一个小步骤。

另外，所谓礼乐文明，最重要的特征就是吃饭的时候要歌唱，歌唱的词，就是《诗经》篇章。光吃饭还是一个感官的满足，一歌唱就是精神的活动了。所以，子犯说"我办不了"。为什么？子犯在这方面修养还不够。那让谁去在酒席上代表公子与秦国人歌唱周旋呢？赵衰。这个人很有文采，让他去。可见晋文公手底下的人不但有本事，还知道自己几斤几两，知道让合适的人去做合适的事情。要成大事，没有一帮子可用的人可不行。

典礼举行了，如仪进行，中间到了唱歌环节。秦穆公命乐工赋诗，唱了一首《采菽》，见于《诗经·小雅》。其中有这样几句："君子来朝，何锡予之？虽无予之？路车乘马。又何予之？玄衮及黼。"大意是："君子来我们这儿了，我们要赠给他们一些东西。可是我们有什么好东西可以赠给他呢？赠一辆四匹马拉的车吧。我们还要赠他一点儿东西，赠他一身贵族的服装，带有

95

花纹的服装。"

诗就由乐工唱出来了，不懂的人听了会一头雾水。重耳就没有这种修养，所以乐工代表秦穆公把诗唱出来后，赵衰一听忙说："重耳，降拜！赶紧降拜！"赵衰这样说，是因为他听出意思来了，原来是秦国人要赠给他们东西了，不拜行吗？这就像打哑谜一样，这就是中国古代的赋诗言志。你听不懂，大家就怀疑了，你是贵族吗？你参加过典礼吗？怎么我给你念《诗经》这个句子，你听不懂？事儿就没法办。这就是文化，代表着一种身份，显示着一个圈子。

知识链接

降

所谓的降，就是走下堂去，赶紧谢人家，拜人家。古代的典礼是在堂上喝酒，而下了台阶给人家施礼，叫作降拜。

当秦穆公把《采菽》唱完以后，重耳也得要唱。重耳该唱什么？还得到《诗经》里去选。修养不够，选起来就困难甚至选不成。但是赵衰在身边，他很在行。他就给重耳出主意唱《黍苗》，也是《诗经·小雅》中的诗："芃芃黍苗，阴雨膏之。悠悠南行，召伯劳之。"大意是说："长得很茂盛的黍子苗，需要雨来润泽它。我们这些人向南行走，向南去服劳役，是召伯来慰

劳我们！"断章取义，取的是这样的意思：有人慰劳我们，我们要谢一谢。以此来表示对秦穆公的感谢，你要赏赐我们，我们谢谢！这就是一对一答，是当时很流行的"断章取义"的赋诗言志，很文雅。

接着，秦穆公又赋了一首诗，《诗经·小雅》里边有一首叫《六月》，这首诗写什么呢？写宣王时期派大臣去征讨狁，建立功勋。赵衰一听到这儿，就说："重耳再拜稽首！"这次需要施大礼，要拜，要磕头。为什么？秦穆公唱的那首诗篇，是已经答应辅佐我们回去建功立业，翊戴王室。也就是说秦穆公答应重耳回国去做君主了，这难道不是最大的赏赐？举行完礼节以后，接着秦穆公就送重耳他们回国了。

晋重耳重掌政权

重耳在秦国军队的陪伴下，一进入到晋国，形势马上就转变了。很多城邑投奔了重耳，表示拥护重耳。在这样一种大势之下，怀公的死党吕甥、郤芮，虽然掌握着兵权也没办法，只好率着晋国的部队出来迎接新的君主。他们不是怕重耳，而是怕重耳后面的那个秦国。子犯代表重耳跟军队盟约，表示接收军队。这时，怀公继位没几天，屁股还没坐热乎，一看大事不好就溜了，一直向北跑到高粱地里去了，不久被重耳派的人追杀了。他这一出算是没了。

重耳回到了都城，朝拜了祖庙，继位为君。

重耳返国

97

重耳在外流亡十九年，历经艰难险阻，最终如愿以偿，在秦国的支持下回到晋国，成为晋国新一代的君主。这对重耳来说本来是一个非常好的结局，但重耳一回到国内，就感觉有什么地方不对劲，宫里宫外总是阴森森的，似乎有某种危险萦绕在他的周围。那么，重耳的感觉对吗？这会是什么危险呢？

一场阴谋正在向他袭来。这可以理解，晋献公手下好多公子，重耳、夷吾、太子申生，还有就是奚齐、卓子，各有各的势力，这么多年来盘根错节，尤其是重耳的敌对势力，现在这些人好多跟他有仇。重耳刚刚回来，立足未稳，最危险。所以重耳回来以后就感觉到气氛不大对头，但这也没办法，找不到把柄。

有一天，重耳在宫里，看门人向他报告说有一个叫寺人披的人求见。重耳一听，寺人披，这狗奴才还敢见我，有这个胆子，有这个脸皮！来得好，我正想收拾收拾他！于是，重耳就对守门人说："一字不落地传我的话，好你个寺人披，当年我那个糊涂的父亲传令，让你到蒲去杀我，我父亲传的是一天完成，你当时就到了。后来，我跑到北狄，我跟着北狄人一块儿去渭水附近狩猎，晋惠公，我们那个刚死的君主兄弟，他发了一道命令让你去刺杀我，给了你三宿的工夫。可刚一个晚上过了你就到了，你怎么那么快啊！这些都是你干的吧？今天你还来找我，你脸皮真是够厚的。所以我请你滚，能滚多远滚多远！"

这话传出来了，寺人披的那张宦官特有的脸抽搐着，冷笑着，他就站在那儿说："我以为你流亡了十九年，做君主的道道

你已经明白了。结果你还是不明白，看来你还得接着出奔！"

这话说出去以后，寺人披稍微停一停，接着就讲道理。他的理论很周密，他说："我是君主的人，君主让我杀谁，我便杀谁，我管你是公子还是平民，我管你是在蒲还是在狄，君主的命令就是我的职责，我还分几天、分几宿？你做君主，你没有要杀的人吗？你没有执行命令的人吗？好，你让我滚，那我就滚。但是我请你记住，你要是这个态度对待许多人，那你要大祸临头了！"

重耳听出他话里有话，赶紧把他请到宫里，给他让了座位，向他询问。原来吕甥、郤芮在准备一场阴谋——放火烧宫廷。时间、谁来点火，都定好了。他们的计划是火起了以后，吕甥、郤芮就带着自己那些死党来宫里，明着是救火，实际是杀重耳。重耳一听这个消息，当时就把寺人披当年怎么砍他的袖子和在渭水暗杀他的事忘记了，而且还感谢他。

现在太危险了，宫廷就是坟墓，唯一的办法就是赶紧给秦穆公送信。送完信后，重耳带很少的人趁着夜晚离开宫廷，来到秦国境内的一个叫王城的地方，跟秦穆公秘密会面。

三月的月末，宫廷果然起了大火，吕甥、郤芮果然带着人就冲进宫来了！他们到处都没有找到重耳。当时火还没烧完，他们判断重耳肯定是往秦国跑了，于是就去追，一直追到快到秦国的地界了。秦穆公早料到他们会追到这里，就在黄河上张着个口袋等着他们。这一行人来了以后，口袋一扎，全部逮起来，就地处

重耳返国

99

决，以绝后患。经过这次事变以后，晋国的局势才算是真正稳定下来，重耳也才真正成了晋国君主晋文公。

小人求赏贤者避

好事接连而来。晋文公流亡北狄的时候，有个老婆叫叔隗，她还给晋文公生了两个儿子，他们在一起生活了十二年，关系很不错。重耳准备到齐国去流亡之前，对叔隗说："我这一走，你等我二十五年，二十五年我还没有回来，你爱嫁谁嫁谁！"叔隗笑了，说道："二十五年以后，我都成了棺材瓤子了，谁还要啊？我还是等着你吧！"现在，叔隗也带着儿子来到了晋国。不但如此，秦穆公为了加强"秦晋之好"，将公主文嬴嫁给了重耳。又得儿子，又得老婆，还是当君主好啊！

当重耳的权力稳定以后，很多人觉着寺人披那种缺德的东西都能在晋文公那里得了志，自己当年对晋文公也不错，于是各种觉得对重耳有恩的人都来打秋风了。其中有一个人名叫竖头须，这人地位不高，是个管理仓库的，"竖头须，守藏者也"（《左传·僖公二十四年》）。当年他想跟重耳一块儿走，没走成，就接着看仓库。他监守自盗，偷了不少东西，准备赞助重耳回国，但是这点儿东西重耳没有接到。他琢磨着，我这一番热情，也是恩哪！于是他也来见重耳。重耳那天正在洗头，报门人说来了个叫竖头须的，见不见？竖头须是谁，重耳一时也想不起来了，就说："算了，不见了，就说我正洗头呢！"

结果消息传到门外，竖头须就说："对啊，君主现在正在洗头，他脸朝下，所以他的心也反着。"这话表明他是一个尖牙利齿的人。竖头须又说："他的心既然反着，想问题也就反了。所以呢，现在他觉得好的，都是跟着他一块儿流亡的，像我这在家里等着他的，偷了东西准备给他的，心向着他却没机会表现的，算得了什么呢！我走了！"他这样一说，晋文公马上改变态度，头也不洗了，出来见竖头须。

　　晋文公这个人性情上并不是说很厚道，但是耳朵管用，能听言语。凡是对他不利的，对他争霸不利的，对他做君主不利的那些事他都能明辨。这一点上他很乖觉。他对竖头须都能改变态度，竖头须这种人都能在他跟前得好，来打秋风的一定少不了。史书记载的不多，可是想一想，史书记载事情，总得挑选有意义、有代表性的，一般的就不记载了。这样想，到他跟前打秋风的、揩油的、沾光的，大概也净是些什么寺人披、竖头须之流。晋文公呢，对这些人也是又赏又笼络。

　　可他这样奖励、赏赐人，那些真有功的人心里边一定是大不痛快的，其中就包括介子推。介子推跟重耳流亡过，有一个传说，当年挨饿的时候，重耳饿得不行了，是介子推把自己腿上的肉割下来，熬了汤给重耳吃。这也太离谱了，仅仅是传说而已，正史中也没有记载。不过，老百姓传说这个故事，实际上有着明显的褒贬意义，贬斥像晋文公这样的人。晋文公不赏介子推，是因为他根本就是个喂不熟的白眼狼。

重耳返国

晋文公赏这个，赏那个，赏了一大批像寺人披那样的人。介子推就大不以为然。他说："有些人，贪天之功为己功，君主回国是老天爷帮忙，可寺人披以下的那些个獐头鼠目的人，把这样的功劳揽在自己身上了。"清代有一部古代散文选集叫《古文观止》，它在选《左传》记介子推这一段的文字，开头一句就是"介子推不言禄，禄亦弗及"。那些文章选家就说，好！好在哪儿呢？是介子推"不言禄"，不向晋文公请禄，于是俸禄也不给他。反过来，如果说介子推言了禄，晋文公再不给，这事多栽面儿！所以文章好。总而言之，介子推对当时一些打秋风的看不惯。介子推的母亲就对他说："那你怎么办？"介子推说："我们干脆走了吧。"他们母子就一起离开了国都，传说临走前介子推还写了一首诗。

晋文公回国后，实在是没有想到介子推他们应该赏，偶尔赏了一些人，比如赵衰，他喜欢，就赏了。虽说赏了不少人，但总会有落下的，或者想不起来的。介子推一走，晋文公才觉得不对劲儿。他们跟着自己在外流亡十九年，真是没有功劳也有苦劳，没有苦劳还有疲劳！现在自己得志了，却把这些人忘得干干净净，心里有愧。直觉上、理性上晋文公很明白，就是本性上薄气了点，容易把别人的好处忘记。于是晋文公就去找介子推。这个时候的介子推，据《左传》记载是躲到了绵山。那个地方有座高山叫介山，靠近灵石这一边，介子推很有可能就躲在了那里。介子推跑到绵山，躲进了深山老林，重耳来找，没找着，于是就把

绵山之田封给介子推，算是赏赐。

知识链接

寒食节

　　介之推的故事还有另外一个版本。有一个传说，说介子推跑到了绵山上，重耳四处派人去找，介子推就是不肯出山，于是重耳就想了个办法，放火烧山。一烧介子推不就出来了吗？他没有想到，介子推这个人就是烧死了，也不再见他。于是晋文公觉得这件事做得不好，"烧出来是我的好心好意，结果把人烧死了，岂不是存心害人？"为了表示自己对介子推无恶意，也表示怀念，晋文公决定以后每年的这一天，都不让大家动烟火。所以有一种说法，寒食节就是这样来的。

　　其实，寒食节的来历跟这个传说的关系不大，它是另有来历。但是中国人就这样传说，爱把一些节日往一些大家知道的或一些美好动人的事情上靠。比如说五月端午，屈原不是那天死的，端午这个节在屈原之前就有了，但我们的传说把它跟屈原联系在一起。一个节日跟一个伟大诗人连在了一起，这个节日当然意思就多了。

重耳返国

当人处于逆境，浑身的斗志都被激发了出来，精神处于紧张状态，此时如果你身边有朋友同你一起度过这样一段艰难的时光，那么遇到的困难将会容易克服得多，所承受的痛苦也会减少。然而当你走出困境，事业成功的时候，身边的诱惑便多了起来，耳之所闻，目之所见，叫你难以辨别真伪，而原本同苦的战友，也为喧嚣所淹没，所云之忠言俨若云散，逆耳之词叫人不愿听信，曾经同苦的朋友便开始分道扬镳——是为同苦易，同甘难。

晋楚争锋

——占理才能获支持

周王室内乱，晋文公出兵相助，帮助周襄王平定内乱，这就是历史上著名的晋文公尊王。在这件事情之后，晋国在诸侯国中的威望大大提升。晋文公想称霸，但是楚国的实力也很强，怎么才能与楚国争霸呢?

晋文公得寸进尺

话说晋文公尊王之后，他就有点儿高兴得过了头，于是提出来了一个要求——请隧。

晋楚争锋

知识链接

隧

　　周朝按照离首都距离的远近，把国家分为国中，离首都远一些的为郊，离首都最远的为野。把在郊和野之间的区域设为六隧，居住在六隧的人是农业生产的主要担当者，为王室出贡赋，并负责周王下葬时的各种劳役。只有周王室才有这种行政划分。而晋文公要周王室把隧划给他，获得与周王室同等的地位。

　　周襄王当时听了这个话以后，略作沉思后说："我不能给你，抱歉，叔父！（周王见同姓诸侯都叫叔父）不能满足你这个要求。这是我们周家的规定。如果你将来开发出新的土地，那新的土地是你的。晋国的面积已经很大了，不需要我再分给你土地了。如果在周王室控制的土地里，再分给你一块土地，那不就等于说，你是我们的国中之国。我作为周王，无法向祖宗交代。"周襄王坚定地拒绝了晋文公的要求。周襄王也很明白，不能直接驳了晋文公的面子。他说："这样吧，叔父，我把我下边所属的阳樊、有温、有原等八个邑给你吧。"这样虽然拒绝了晋文公的无理要求，但是又给了晋文公土地，照顾了晋文公的面子。

　　当晋文公满心欢喜地接收土地的时候却碰了钉子。在这些地方住着的老贵族不愿意作晋国的属民，直接拒绝了晋文公的接

收。原本晋文公满心欢喜地来捡元宝，没想到这里的人不让捡，当时就把脸拉下来了，命令把阳樊围起来，管你是什么人，再不服从就大开杀戒！这个时候，城上站出来一个叫苍葛的人。他登上城头对晋人大喊："晋国的君主，你拥护周王，我们赞成你，可是你收我们的土地，我们不知道你什么政策。你现在动刀动枪，是不是要把这儿的这些人都变成战俘？我告诉你，这儿的人都是周王的亲戚，你自己看着办吧。"

这一喊，就把理讲透彻了，这儿的人都是周家的亲戚，你不是尊王吗？你来动刀动枪，就是对周王不敬。晋文公这个人不一定是个善良的人，但是懂道义，只要话说得符合道义，他就能听。道义在春秋时期是一种重要的力量。晋文公就说："这个人是个君子！算了，撤回兵马。"可撤回兵马还得接收城邑，晋文公想了个办法，把城门打开，愿意留的留，愿意走的走。这样，阳樊人一看晋文公还挺有道义的，就答应让他接收了。总之，晋文公不做不占理的事情，这是他的一个原则。

收下阳樊之后，下一个就收有原邑。结果有原的居民更加抗拒，居民们纷纷拿起武器上了城墙。晋文公本来想着三天就能解决问题，所以就向将士们许诺三天之后班师回国。可现在眼看三天的期限就要到了，之前说的话，还算不算数？仔细盘算之后，他觉得如果失信于人损失更大，于是就下定了决心，说三天就三天。

正当晋文公准备撤军的时候，到城中刺探情况的谍报人员回

来了。见文公要撤兵，就劝说："现在城里边的老百姓心里已经在打鼓了，有人提出干脆学阳樊，投降得了。他们正在商量，您再等一天半天，形势就会好转。"晋文公说："既然许诺了就要言而有信，撤退！"于是晋军就回撤了，走了几十里路，有原的老百姓一看，晋文公对他的百姓是说话算话的君王，于是他们也就投降了。

晋国人的史书记载这件事情，对晋文公是高度赞美的。晋文公帮助周王室平定内乱，既提高了晋国的声望又获得了好处，可谓一石二鸟。同时晋国对内加大改革力度，使国家实力大大提升，终于有了和楚国强强对话的实力。

也就是在这个时候，一场规模空前的战争就要来了。

晋军兵伐曹救宋

这事还得从宋国说起。这个宋国，宋襄公希望成为霸主，但是用力过猛得罪了好多诸侯国，结果诸侯全都倒向了楚国。当时的列国局面是楚国一家独大，像鲁国、曹国、卫国这些国家都一屁股坐到了楚国的怀抱里。远在南方的楚国甚至在北方的齐鲁大地还有驻军。当时，齐国欺负鲁国，夺鲁的土地。鲁国一看打不过齐国，就派人向楚国求救。楚国巴不得有这个机会，于是就派了一支部队驻扎在齐鲁边境，也就是在现在的山东、河北交界的一个叫谷的地方。

晋国强大了以后，宋国最先由楚国倒向晋国。宋国觉得自己

跟晋文公关系不错，当年他落难来到宋国，宋国还给了他几十匹马。更让宋国恼怒的是，楚国一家独大做霸主，宋国没少受气。宋国索性投入了晋国的怀抱。宋国跟晋国通好，就开始背离楚国，一下把楚国惹恼了。楚国派了曾让晋文公毛骨悚然、坐立不安的子玉将军带领精锐部队把宋国包围了。

宋国人向晋国告急。晋文公马上召集御前会议，问大家："宋国被楚国包围了，我们是打还是不打？"

有个名叫先轸的大臣马上站出来了，他说："打楚国一是为了报恩，二是为了称霸，这次是称霸最好的机会，机不可失，时不再来。"接着发言的是老谋深算的子犯，他最了解晋文公内心的小九九。他说："一定要打，但是不能打楚国而是要打曹国。"曹、楚有联姻关系，打曹国楚国必定救援，而且这个曹国和它旁边的卫国之前都对晋文公不客气，打着复仇的旗号出兵，这样师出有名。

作出了出兵的决策，晋国的军队借道卫国伐曹。可是卫国不肯借道，晋军没办法只能折回从自己的国土上走，然后再过黄河。过了黄河以后，晋军兵分三路，晋文公本来想以后再收拾卫国，现在改了主意，一路直奔曹国，一路打卫国，还有一路奔向五鹿。

晋文公最高明的地方在于进攻五鹿。为什么要冒着分兵的风险打五鹿呢？

首先，卫国的都城旁边是五鹿，打五鹿可以威胁卫国。其

次，晋军一旦把五鹿拿下来，百来里的路程就可以到达楚国军队的所在地谷。最后，一旦拿下五鹿，列国形势马上就会逆转。

果然，拿下五鹿后齐国的君主就来找晋文公，说："我们盟约吧。"看似一着闲棋，往五鹿这地方一放，不仅楚国的军队感到了威胁，齐国也马上支持晋国。

晋文公要救宋国，要图霸业，晋楚之战就不可避免。于是晋文公计划先剪除楚国的党羽卫国和曹国，然后再和楚军正面交锋。晋军打卫国很顺利，但是打曹国的时候出了点意外，这是怎么回事呢？

晋国奔曹的这支部队，把曹国围了起来。围城战斗打得很激烈，这倒出乎晋国人的意料。按理说，曹恭公那么懒的一个人治国，老百姓还不军旗一指望风投降吗？没有，曹国老百姓的城市攻防战打得很出色。晋国的军队攻城时，他们拿钩子钩，把晋军的尸体钩上城来，摆在城上给晋国军队看，看得晋军心里干着急，一个劲儿发毛！

晋文公发愁，就到军中走走，结果有个无名战士走到君主面前，跟君主悄悄地说："有办法了。"晋文公问："什么办法？"战士说："我们把部队驻到曹国人的祖坟地里边去。"

这个招数够辣！一声令下，晋国的部队呼呼啦啦就往曹国的祖坟地里移动，驻扎到人家祖坟地里去了。这一招也很奏效，曹国城头上的人一见这状况，马上人心惶惶。他们赶紧服软，前面不是弄了很多晋军的尸体到城头来了吗，现在这些尸体就不能摆

在城头了，得还给人家。当然不是把尸体扔回去而是把他们装进上好的棺材里边，然后再交还给晋军。

不久，曹国城门就被攻破了。晋文公入城的头一件事，就是派人把曹恭公绑了来见他，劈头盖脸就是一顿臭骂，说："你们曹国有僖负羁这样的贤人你不用，你用这么一大帮獐头鼠目的人。限你几天时间，把他们的材料给我准备齐了，我要一一考察，这叫'献状'。"晋文公把这个曹恭公骂得灰头土脸，狗血淋头。

晋先轸计赚秦齐

晋国出兵要解宋国之围，现在晋国军队不仅占领了卫国和曹国，而且还占领了五鹿。虽然晋、楚两国还没有开打，胜利的天平却已经向晋国倾斜，围攻宋国的楚军实际上已经被孤立。但晋文公在这一连串的胜利面前忽然按兵不动，停止前进了。他为什么要这么做呢？

晋文公召集大家开会，满脸忧郁地说，现在麻烦的是强大的秦国和齐国没表态，怎么办？大家一听，果然是深谋远虑的君主，会上当时沉静下来了。先轸先发言说："我现在有办法，宋国使者不是来求我们嘛，我们就让他多带上贿赂去到齐国和秦国那里求情。我们把卫国和曹国的土地分了，这一下便会使楚国大怒。齐、秦两国为宋国出面向楚国求情，大怒的楚国肯定不答应。齐国和秦国收下人家的贿赂，替人家说情，结果遇上楚国的

态度冥顽不灵，就会坚决不同意。那样一来，齐、秦两国就非得站在我们这一边不可了！"大家一听，顿时豁然开朗，便照计而行。果不其然，形势变了，秦国、齐国统统站到晋国一边，整个的列国局势上发生了对晋国有利的转变，天平开始倾向晋国，战争往对晋国有利的方向走去。

楚子玉刚愎自用

这时候，楚成王，就是当年问重耳将来怎么回报他的那个王，也从楚国的都城移驾到了现在的南阳这一带，就是靠近前线来了。他看了整个局势，齐国和秦国已经明确地站到了晋国一边，这个仗已经不好打了，就对子玉说："子玉，撤兵吧，尤其是把山东那支部队赶紧撤回来。"他又说："重耳这个人啊，十九年在外边，艰难困苦都尝到了，民情真伪都知道了，这个人不好惹，咱们还是知难而退吧。"

子玉这个人史书评价他四个大字——"刚而无礼"（《左传·僖公二十八年》）。当时他听了这个命令以后，就跟君主翻了脸。他说："这次战争，我不是想建立什么奇功，我就想用这次战争的胜利，堵一堵坏人的嘴。"堵奸邪之人的嘴，什么意思？就是其他贵族与子玉所在的若敖氏家族有矛盾，国内有人说他坏话。而若敖氏家族势力太大，连楚成王也怵他三分。子玉这样说，等于把自己的利益凌驾到楚国之上了。

楚成王一听也来了气，说："行，你打！"但是楚成王把主

力部队撤走了。意思很明白，你自己留在这儿带着你家族的部队打吧。这一仗胜了自然好，若是打不胜，你若敖氏家族就会被削弱一些。楚成王这是给了子玉一个有窟窿的桥让他走。但子玉这个人刚而无礼，喜欢置气，根本没想那么多。

子玉派使者到晋国的军营，提出了两个条件：两国要和平相处，双方休战。怎么休战？现在，晋国恢复卫国君主的权力，恢复曹国君主的权力，楚国就解除宋国之围。子犯一听，气愤地说："好无礼的子玉！他一个小小的楚国臣子，面对我们晋国的君主，提了两个条件让我们做，而自己却只做一个，太不讲道理了！不应该答应子玉的条件。"

先轸却别有考虑，他说："我想来想去，咱们还是答应他。为什么？因为要讲礼，礼有大礼，也有小礼，要懂得权衡轻重。虽然子玉在行为上不尊重我们国家的君主，可是再想一想，他的条件是符合大礼的。怎么符合大礼呢？他一句话，三个国家得到安宁，卫国恢复秩序了，曹国恢复秩序了，宋国解除刀兵之苦了，他有理。我们呢，你一拒绝他，三个国家遭难，那诸侯的心思就会转。"

先轸这么一说，大家又觉着也有道理。那么到底该怎么做呢？先轸说："我还有办法。一方面，我们私下里悄悄地答应曹国和卫国，说这场战争之后，我们就会恢复它们过去的权力。另一方面，设法激怒楚国。怎么激怒它？俗话说，两国交兵，不斩来使。我们现在就把他的来使给抓起来，如此一来，子玉就气疯

了，他顾不上原来的礼，大兵就压了过来。"

在晋文公君臣的策划下，晋、楚两军还没有实际接触，晋军就已经占据了天时、地利、人和。但这个时候，老谋深算的晋文公又利用了一件事情，使晋军在战场上获得了更大的主动权。那么，晋文公利用的是什么事情呢？

晋文公退避三舍

这个时候，晋文公头脑中现出了一个情景，就是当年在楚国的时候，他曾经跟楚成王说，如果不幸在两军阵前相遇，他会主动退避三舍。退避三舍什么意思？就是两军交战，晋军主动撤退九十里路。这当然要算数，但这未必就是在报答楚成王，准确地说，晋文公实际上是在利用这个事情。他一旦下命令往回撤，晋军肯定不高兴，怒气就很容易转化为杀气。事情也果然如此。那些军官，尤其是下级军官们，见晋军退避楚军，很不服气，说堂堂的晋国，怎么能以君主之尊躲他一个臣子？而且现在楚军出来这么长时间了，已经疲惫了。

这时，子犯站出来说："你们说得不对！什么叫军队疲倦？我告诉你们什么叫部队疲惫，一个军队始终正义在手，这支军队无论在外面待多久，它都是强壮的。可是一旦不占理了，就疲惫了。"子犯又说："我们是为了实践当时的诺言，宁可吃点儿亏，这就是我们晋国的境界。现在后退，是完成我们的承诺。要把大家的激情给激发出来，把军队的劲儿'退'出来！"当楚王

听说晋军后退三舍，就再一次要子玉见好就收，子玉还是不听。

但是晋文公的忧虑更沉重了。于是他就到外边的军队中去漫步。开战以来，他已经不是第一次这样做了。在军中，他听到撤退了三天路程的晋军士卒们，用压抑而又有力的情绪在唱歌。歌词的大意是"我们就不要总在一个地方耕种了，该到新田地去耕种了"。暗含的意思不难理解，就是新旧交替。

听了将士们的歌，晋文公感觉心里很不踏实，新旧交替，到底指谁呢？子犯就鼓励晋文公："打吧，打胜了，诸侯就全都追随我们了，就算打不赢，我们晋国有山有水，地势险要，易守难攻，也没有什么好怕的！"听了子犯的话，晋文公说："如果跟楚国打，不就对不住当年他们曾热情接待我的那点儿恩德了吗？"大夫栾枝一听君主说这话，就说："周初封建，在汉水以北建立的姬姓邦国差不多全被楚国灭了，他们那点儿小恩小惠与灭绝国家相比，算得了什么？还是打吧！"

他这么一说，晋文公心里平稳了许多。但是，那天晚上他还是做了一个怪梦，梦见自己跟楚成王摔跤，楚成王一下就把他脸朝天压到地上，还用牙咬他的脑袋，吸他的大脑。第二天起来以后，他就把梦的内容告诉了子犯。子犯说："这是好梦啊！你仰面朝天，意味着什么？意味着你得到了天助；而他面朝地，是在认罪。另外他吸你的脑，我们人的大脑是最具有柔性的，是能柔化一切力量的。什么意思？他吸了你的脑就被你柔化了，所以这是吉兆。"子犯这样一套解梦的高论，就是说梦都是反的，这是

晋楚争锋

115

好事。晋文公一听，便开朗了一些。

我们看史书记载的这一段，晋文公好像很优柔寡断，其实这不是优柔寡断，这是临事而惧，好谋而断。大计已经定下来了，但是在整个局势对他有利的情形下，还在那儿思前想后，这是心思细密的表现，也可以说是一个成熟的君主出色的表现。

晋文公在这里沉吟思考的时候，楚军那边的子玉早就不耐烦了，战争终于开始了。城濮之战发生于公元前632年阴历的四月初二。战争的序幕在前一天就开始了，子玉派人来请战。这是古代打仗的一个老例，我跟你打仗，要向你挑战，先派人来，说："现在请您晋国的君主，允许您手下的壮士和我们国家君主手下的壮士比一比，让我子玉沾沾光！"这话说得很委婉，这是请战之词。什么叫礼仪之邦，这就是礼仪之邦。

晋国一看这个情形，好，于是就针锋相对地说："晋国已经收到你们的战书了。我们当年受过你们的恩惠，现在也退了三舍，你还不依不饶，那没办法，我们只好跟你们在战场上比一比了。请你子玉麻烦一下，转告你的几位同事，今天收拾好战车，做好准备，明天早晨咱们战场上见！"这就是辞令。到了第二天，战争就爆发了。

究竟这场战争打成了什么样子呢？请看下文分解。

　　春秋时期，各路诸侯虽然忙于争霸，但是发动战争毕竟要有发动战争的理由，不然便不是"师出有名"，对于战争的舆论是十分不利的。晋文公深谙此道，处处留意"名"和"礼"的重要性，战争之前自然先礼而后兵，出有名之师，发动战争自然也好解释。"名正言顺"在中国历史上向来是重要的一点，任何人发动战争、推行政令、废立储君之前，都要有一个适当的"名"来掩盖其背后真正的意图。在实际的生活中，也会有这样的情况出现，所以我们观察历史事件，乃至处理现实问题，都要去挖掘其表面看似正当的理由背后的原因。只有这样，才能够"剖开现象看本质"，对于世事有所洞悉。

晋楚争锋

城濮之战

——晋文公霸主地位终确定

城濮之战也就是几个时辰的工夫，改变的却是几十年的春秋格局。晋文公为了建立霸业，决定和另一个大国楚国打一场硬仗。为了这一仗，晋国进行了一系列的策划和准备，逐渐占据了天时、地利、人和的种种有利条件。同时在战场上又主动退避三舍，激起了晋军上下同仇敌忾的士气。那么，当楚国军队压上来，晋、楚两军终于在战场上相遇之后，晋军的战前准备会有效吗？战场上狭路相逢，谁会是最后的赢家呢？这一场晋、楚大战，又给晋文公带来了什么？

古老战争方式的新变化

古人对战争的理解，很早就有很高明的看法。比如城濮之战，看历史记载，重点地写战争开始之前的各种准备、各种斗

争、各种计谋的筹划，这些方面讲了很多，这表明什么呢？这表明晋文公作为一个成熟的政治家，不轻易动手，有话好好儿说，而一旦动手，那就是生死相搏。所以，晋文公在这个地方表现得非常沉稳，他要听各种主意，在他的内心中，要进行各种盘算。战争是政治的延伸，当和平手段解决不了问题时就要交给拳头解决了。

城濮之战，在前期有一个较长时间的酝酿过程，可是战争真正打起来后三下五除二就结束了。战争是在四月打的，头一天两国先要互通消息，说明天在某地正式开打。这就是古代战争，现代战争到底在哪儿打，不告诉你。古代战争则不然，要摆好了阵势，要派勇士到敌方通知消息，对方答应，然后如约而战，城濮之战就走了这些程序。

到了第二天，战争就如期进行了。现代战争，交战的各方是怎么能打赢怎么来。而古人打仗可不是这样，必须排好了阵势，两国都要把军队分成左、中、右三军。同时，古人认为偷袭或者以强击弱都是卑鄙的做法。但是，晋国这次给古老的战争方式也带来了一些新的变化。

他们观察敌人，在晋国的右路是陈国和蔡国的军队。这两个国家是出来帮助楚国的，有点儿像伪军。他们的将士本来不是楚国人，是被楚国征服了以后迫于压力才参军打仗的。这些人打仗是不会卖死力气的，而晋国就看准这一点，决定先从他们下手，先打跨陈、蔡之师。

城濮之战

果然，陈、蔡两国的军队是豆腐渣。晋军下军副帅叫胥臣，他使了一个计策，让战马蒙上虎皮。马是怕老虎的，马看见老虎以后胆战心惊，屁滚尿流，撒腿就跑。胥臣的部下一冲击，陈、蔡的军队扔下武器就跑，跑的速度不比四条腿的马慢。兵败如山倒，战争刚一开始，楚军的一部就溃散了。原来，陈、蔡之师一溃散，连带着楚国的右军军心动摇，像雪崩一样也跑掉了。晋军趁势派一支小股部队追赶，把这一部分楚军赶得远远的，让他们不得重回战场。

楚军的右路军溃散了以后，晋国开始打左路。晋军的选择很讲究，他们不去碰楚军的中军，因为中军主帅是善于用兵、带兵有法，连晋文公都怕上几分的子玉。

晋军不去碰硬的，而是接着打软弱的，这次他们看准了楚军的左路。打楚军的左路，晋军的手段又变了，不是主动进攻，而是后退，引诱敌人进入包围圈。晋军上军的主帅是栾枝，他带着自己的人马佯装败退，而且还要让敌人知道自己在后退，他们的办法是在阵后拖了很多树枝飞似的跑，卷起烟尘滚滚。楚军一看，有便宜，马上就追。追到半路，晋军中军主帅先轸率领部下突然出现，拦腰横击楚军左路，楚军立即溃不成军。

现在楚军的左路军、右路军都溃散了，就只剩下一个中军了，这仗还怎么打？尽管子玉治军有方，他的军队有法，但是整个两翼的部队溃散了以后，中军实际上也已经战战兢兢，只是没

有溃退而已。子玉一看，战争没法打了，于是带着部队灰溜溜地撤出了战场，扔下军械、大营、粮食，一片狼藉。战争打成这样，晋军喜出望外，楚国是多少年的老霸主，本以为跟它打一仗不是那么容易，所以开始时才会那么犹豫，没想到真打起来以后，势如破竹，三下五除二，顷刻之间就胜利了。

这样，晋国作为一个新兴的霸主，就在这次战争中崛起了！这场战争对楚国而言，使它若干年内都抬不起头来；对晋国而言，则是确立了新霸主的地位。

这次战争晋国近乎完胜，而且胜利要比晋国人想象的容易。战争的展开，大体上还是古代的打法，大家遵守君子协定，约好了什么时候开打。但是新的因素也出现了很多，主要表现在晋国在战前动了不少脑筋，使用了一系列的兵家权谋，比如争取列国支持，激怒楚军主帅，退避三舍以获得道义上的制高点，等等。正是因为有这样的战争，到了春秋后期，我国一部伟大的兵法《孙子兵法》就出现了。战争越打越精彩，战术越来越多样，权谋也越来越深入。总之，战争经验的积累越来越雄厚，所以才有《孙子兵法》横空出世，它所体现的高度的战争智慧属于一整个时代。

孙子兵法

《孙子兵法》又称《孙武兵法》，是中国现存最早的兵书，也是世界上最早的军事著作，被誉为"兵家圣典"。书中处处体现了道家与兵家的哲学，全书共六千字左右，一共十三篇。唐太宗李世民说："观诸兵书，无出孙武。"兵法讲求谋略，谋略不是小花招，而是大战略、大智慧。如今，《孙子兵法》已经走向世界，它被翻译成多种语言文字，在世界军事史上具有重要的地位。

晋文公霸主地位终确定

战胜了楚国军队，接着就是要向周王献俘了。战争献俘礼是古代经常举行的，打了胜仗以后，战俘和战利品归于谁？当然归于周王室了，所以要献俘。这种表现的机会，晋文公是不会错过的，因为这是要确定他霸主地位的一道重要程序。打完仗以后，还要有个手续，确定霸主地位。这个手续，当然是由周王来完成。

周王听到城濮之战晋军胜利的消息以后，也非常高兴，准备到衡雍去接见部队。于是晋文公就在衡雍这个地方修了一个行宫，不久，在离衡雍不远的践土举办了诸侯盟会，盟会上要向周王献俘。

城濮之战

123

献俘礼是大典，这个大典的情形是：一大早，周王就要在祖庙所在的朝廷站着，一边站着作文书的史官，另一边站着宣读命令的侍从，旁边还有各位重要大臣。站好后，献俘开始，战胜方的诸侯、将军押着俘虏以及缴获的战利品、斩获的首级等，一样一样显示给周王看。晋文公这次献俘，是战车一百辆，马匹都披挂甲胄，士卒一千人。晋文公由郑国君主陪伴着，进入典礼的场所。

之后，周王主持了盛大的酒会。在酒会上，周王非常庄重地向有关人员宣读嘉奖令，任命晋文公做侯伯，其实就承认了他的霸主地位，其他赏赐包括两种车马，还有弓箭、祭祖的米酒以及虎从等。周王还称赞晋国在文王、武王时期就效力王室，今天又出了一代英雄人物。这是传达周王对晋文公的期待，期望他安定四方，纠正那些不从周王的邪恶行径。最关键的就是确定晋文公为新一代的侯伯，新一代的霸主。

自从西周崩溃以后，一百多年了，周王室还没有举行过如此盛大的典礼，所以参加典礼的一些老臣们，内心非常激动，一个个泪流满面。晋文公接过这些东西，先是表示拜谢，拜手稽首，然后就谦虚一番，说重耳拜手稽首，敢对仰天子祥和的修令。然后出去再回来，出去再回来，如此反复，表示谦让，这些都是礼法了。

回国以后的庆祝就更隆重了，先要到祖庙里告诉列祖列宗，庆祝胜利，说这次获得的胜利都是祖宗的德行，接着就是

惩办那些在战争中不听命令的人。整个晋国上下都非常热闹。曾经颠沛流离19年的晋文公，到这时候终于可以扬眉吐气了，他不仅回到晋国，继位做了晋国的君主，而且打败了强大的楚国，还受到周天子的策命，确定了霸主的地位。他现在的权力空前强大，对不服从的诸侯都有生杀征讨之权。那么，晋文公在拥有了这些权力之后，他会怎样对待那些当年给他脸色看的诸侯呢？

晋老大带领诸侯去打架

战争胜利后，晋文公那根狐狸尾巴在裤子里边就放不住了，是狐狸不露尾巴行吗？他就开始表现另外一副模样了。

首先，在城濮之战以后，在温地举行诸侯大会。既然已经是霸主了，他要施展一番威风，看看这点权力究竟好不好使。在诸侯大会上，他就对周王提出要求，说你到我们这儿来参加盟会，以臣子的身份呼唤君主来参加他的会盟。孔子在编写《春秋》时，觉得让周天子参加这种活动是不合乎礼的，所以孔子并没有写周天子去参加盟会，而是写周天子去黄河边打猎了。

不仅如此，晋文公还要惩罚当年欺负自己的人。在春秋五霸中，晋文公经历的磨难最多，受过挫折最大，颠沛流离时间最长。十几岁、二十来岁时来了个后妈骊姬欺负他，弄不好要杀头，得忍着。作为一个流亡公子受尽了别人的欺负。现在好了，扬眉吐气了，我是霸主了，这点儿气总得出！于是，他首先对卫

城濮之战

125

国之君报仇。

当年重耳流亡的时候到了卫国，当时的卫国君主卫文公对他不理不睬，导致他在卫国忍饥挨饿，最后跑到荒郊野外去要饭吃。这件事情重耳深深地记在了心里，决定就从卫国国君下手。可是，现在的卫国已经遵从了晋国的号令，但是这个卫国的国君卫成公是当时没有善待晋文公的卫文公之子，况且也做了一些坏事情。晋文公领着晋国军队，在城濮之战以前打过一仗，这个前哨战首先是收拾卫国，然后收拾曹国。在收拾卫国时，卫成公就跑了，先是跑到国都以外的地方待着，后来城濮之战晋国打赢了，卫成公觉得更麻烦了，还得跑，往远处跑，他就跑到了陈国。后来诸侯盟誓，宣布自从这次战争以后，诸侯都要尊王室，诸侯之间不要相互侵害。卫成公一看这个情形才敢回国。

当初卫成公出逃的时候，让一个叫元咺的大臣辅佐他的弟弟叔武料理国政。卫成公在外面漂泊的时候，有人就跟卫成公递小话说，这个叔武想夺你的权。诸侯盟誓后，卫成公回来了，叔武一听说国君回来了，就高高兴兴地出门迎接，没想到的是，卫成公的手下一看叔武在马路旁边打招呼，一箭射过去，把叔武射死了。元咺也待不下去了，就跑到了晋国，把这个事情告诉了晋文公。晋文公一听，气就不打一处来：当年你爸那样对我，现在你又这么干！

卫成公做事不看形势，杀死叔武的事情出来以后，晋国要出面来管。在温之会的时候，晋文公把卫成公拉过来，把那个

元嗄也叫过来，让他们二人当面对质，搞诉讼，晋国派司法官员给他们打官司。这很有意思，君和臣打官司，这就是那个时代，你君也得讲个礼。不过按照当时的礼法，君可以和臣打官司，但毕竟君主尊贵，他要派两个或者几个代理人给自己辩护。元嗄就和卫成公的代理人辩论，诉讼的判决结果是卫成公败诉，这个情形大家能猜得出来，晋国当然怎么也不会让卫成公胜诉。卫成公不败才怪呢！按理说卫成公现在应该是学学当年的重耳，百忍为上。可是卫成公不然，他还是不看路数，败诉回去以后，他就把其中一个代理人杀了头，另一个代理人也被砍了脚。

这一下，把晋文公惹翻了！他派人把卫成公抓了，交给周王，让周王处置这个不讲道理的卫国君主。交给周王之后，晋文公又觉着周襄王心软，不能对卫成公怎么样。于是，他要自己下手。本来他打算派人拿了毒药给侍奉卫成公的巫医，让他给卫君喝毒酒，毒死他就完了。不想消息不严，卫国人知道了晋君要把自己的国君毒死，马上强烈抗议。卫国人赶紧也派人用钱去买通巫医。巫医很犯难，但也不是没有办法，他的法子是给卫成公下药时，把剂量搞得很小，水冲多点，让他喝了拉肚子，发低烧，让他不自在，但不至于死。卫成公吃了几副药以后也的确是浑身不自在，死罪可免活罪难逃！卫国人也得抓紧。老是吃药，剂量再小也早晚得死人，他们又向晋文公和周襄王行贿。这样一来，晋文公才放他回去。卫成公这才捡了一条命，灰

城濮之战

127

溜溜地回卫国了。

晋文公收拾了卫成公，报了当年卫国对自己不理不睬的怨气。但当年晋文公在流亡的过程中，对他不理睬的除了卫国君主，还有郑国的君主。于是晋文公又联合诸侯国征讨郑国。在郑国危亡之际，一个叫烛之武的老人站了出来，竟然凭借自己的三寸不烂之舌，解了郑国之围。那么，一个手无寸铁的老人，他究竟说了什么，竟然能挽救郑国呢？

郑国政治家在春秋争霸时期的表现，可以说是见风使舵。发现楚国强了，就调转船头向南方；晋国强了，或者齐国强了，调转船头向北方。这没办法，它处的地理位置就决定了他们不得不如此，谁让他们是小国呢！

城濮之战以后，郑文公就把船头转向了北方了，可是晋文公还是不能饶他。为了打击郑国，晋还在跟秦国、宋国、齐国盟约之后，率领大军呼呼啦啦来到郑国准备动手。理由有两条：第一条，你当年对晋文公不礼貌，光这一条不够！再加一条，你侍奉楚国，背叛王室。于是就把郑国围了。这里有个细节值得注意，就是晋国的军队跟秦国的军队没有驻扎在一起，两支军队分头驻扎在郑国的城外，这给郑国人制造了机会，于是就发生了历史上著名的"烛之武退秦师"的故事。

郑国被围了，强大的晋国还联合着强大的秦国，还有齐国、宋国，弄不好郑国马上就要亡国，怎么办呢？有个大夫叫佚之狐，找到郑国君主说：现在这个情形，有一个人能挽救郑国，使

我们免于灭顶之灾，这个人就是老臣烛之武。

现在郑国就是有稻草都要抓一下，有人出了主意说烛之武能办事，郑国君主就说："你马上去请他出来！"于是佚之狐就找到了烛之武，把事情一说。烛之武说："我老了，我年轻的时候都没什么作为，老了我还能干什么？"这是话里有话，埋怨郑国君主当年不任用自己。

话就传给了郑国君主，郑国君主又传话说："过去的事就先不提了，现在是咱们的邦国要完蛋，我们郑国被灭了以后，您老人家不也是不利吗？情理是通的。"烛之武说："那好，我试试。"于是，趁着夜色，烛之武身体不错，胳膊肘挺有劲儿，顺着城墙拽着大绳就下来了。

下了城，烛之武就悄悄地来到了秦国大营，找到了秦穆公，开始一番游说。这一番游说，不但使秦国撤军，还引出了一个结果，就是秦国马上就站到了郑国这一边。那么烛之武到底是怎么让秦国撤军的呢？

城濮之战

129

　　我们且放下记仇是否合乎道德的讨论，单纯来看待"报仇"这种事。有仇必报向来为民间所称赞，关键是这个仇该如何去报，何时去报。晋文公历经磨难近二十年，一朝成为晋国的君主，自然要对当年迫害他的人进行报复，此时的报复也最为有效，能够解心头之恨。聪明人能够明白自己所处之"势"，若晋文公当初流亡他国之时，不能够忍气吞声，而图一时之快，那么以他当时所处的形势，自然不能够对那些无礼于他的人有什么实质性的威胁。时过境迁，势随时变，得势之后的晋文公要想报复，那自然是轻而易举。所以我们应该时时刻刻明白自己的实力和能够做的事情，实力和所为是成正比的，明知不可为而为之，可能是一种豪情与斗志，但是更可能是一种鲁莽和冲动。

烛之武退秦师

——养马官谈判救郑国

晋文公收拾了卫成公，总算是出了口当年卫国对自己不理不睬的怨气。当年晋文公在流亡的过程中，对他不理不睬的除了卫国国君，还有郑国的君主，晋文公于是又联合秦国等诸侯国征讨郑国。

烛之武退秦军

在郑国危亡之际，一个叫烛之武的老人站了出来，他以自己的雄辩之才，解了郑国之围。那么，一个手无寸铁的老人，他究竟说了什么，竟然能挽救郑国呢？

烛之武表达的意思分几层。

第一层意思，亡了我们郑国，如果对你们秦国有帮助的话，我就不来找你说这个话了。为什么亡了我们郑国，对你们秦国一点儿利都没有呢？这是由地理条件决定的。郑国在东边，你们在西边，中间隔着一个晋国。你们在晋国之西，把我们灭了，土地一寸都不会落到你们秦国手里。反过来说，晋国强大了，对你秦国是有害的。这是说的第一层意思，就是说灭了我们郑国，对你秦国没什么好处。

第二层意思，假如你要把我们郑国留下来会怎样呢？将来你秦国总要向东方诸侯去办事，中间经过我们这儿，郑国可以作为你的一个落脚点，你的使臣，你的其他人员往来，我们可以接应，可以好好招待。烛之武这句话说得非常有分量。

秦穆公是个有为之主，他始终都想越过晋国的大墙向东发展，可就是苦于无策。郑国这样一说，他认为这是一个好机会，我跟郑国搞好关系，将来我们就可以夹击一下晋国，还可以以郑国作为跳板，继续向东发展。

接着就说到第三层意思。烛之武说，历史的经验值得注意！这么多年来，你们跟晋国打交道，你们帮了晋国多少忙，帮它立了三代君主。那我请你想想，什么时候晋国真正回报过你们？烛之武这是在拿事实说话，非常犀利！当年晋惠公是你们立的，可是晋惠公对你们怎么样，整个一白眼狼！晋国发生灾荒以后，你给他们粮食，而你们发生灾荒以后，他们就把门一关，睬都不睬！这话说得很能调动情绪。秦穆公一听这话，想起当时的情景就气得直冲脑门子，这正是烛之武善于利用人的报复心理的高明之处。

第四层意思，烛之武又说了，现在晋国要向东发展，你帮助它，它将来地方大了以后，以它晋国的心思，只向东发展就满足了吗？说不定回过头来就朝你们西方发展。反正我的意思说清楚了，你秦国好好想想吧！

这段说词是《左传》中所记载的最美妙，也是特别有力量的一段。值得注意的是，在这一段话里，没有一句是为郑国求情的，说你可怜可怜我们吧，这样的话都是废话，没用！弱国无外交，烛之武的话都是分析秦国的利益得失，冷静的、到位的分析说得秦国君主口服心服。这样的言辞，胜得过千军万马！

秦穆公也不笨，他参加城濮之战实际是被拖下水的，是子犯、先轸他们用计策把秦国拖进来的，等于给人家占场子，呐喊助威，跑龙套。这个情形，秦穆公不会感觉不到。现在，烛之武一下子就把这层窗户纸给捅破了。所以，秦穆公当即就说："好，马上我们撤军。"不但撤军，他还派杞子、杨孙、逢孙三人帮助郑国守城，对晋国却是连个招呼都不打就走了。

消息传到了晋国的大营里面，当时子犯就恼了——我们联合行动，你撤退都不吭一声，就走了！子犯认为一定要教训郑国和帮助郑国守城的秦国军队。老谋深算的晋文公心里面一盘算，就说："不要打了，情况对我们不利，怎么打？打郑国的这个形势本来就不占理。"晋文公又说："当时要是没有秦国，就没有我们的今天，现在既然他们已经撤离战场，我们就不要打了。我们也撤了吧！"这就是晋文公的明智，他对于办事尺度的拿捏，在

五霸中是很突出的。

烛之武退秦师，一段言辞化解了一场危难。言辞字数也不多，却顶得了一支军队的力量。这就是语言的力量！

叔詹舍身投镬

这件事情还有另外一个版本。讲晋文公讨伐郑国，把郑国围了就开始跟郑国说，我就要你们一个人——叔詹。为什么单要叔詹呢？当年晋文公流亡来到郑国的时候，叔詹曾经跟郑文公建议，说你要好好对待这个公子，他将来有前途。郑国国君不听，于是叔詹又提了另外一个意见，说你要是不好好儿对待他，干脆就把他杀了得了，以免后患。晋文公记不住他前边的话，专记他后边的话，这就是重耳的性格，现在就是来找叔詹算账的。

叔詹说："那好啊，要是我一个人能保全一个国家，也合算哪！"于是他就出来了。当时，晋文公派人用大鼎煮好水，里面放好佐料，就准备要把叔詹煮着吃了。叔詹一看这个情形，就开始脱衣服，准备往鼎里跳。一边跳还一边说："大家听好了，以后再也没有一个人忠于自己的国家了！"

晋文公一听这话，赶紧叫停。为什么？你烹了一个这样的人，列国就会说你干的这是什么事，有你这么办事的吗？人家是忠臣，各为其主，他没错！如果真的吃了叔詹就在道义上输了，会受到列国的耻笑。而晋文公是一个凡事都要占理的人，他是不

会这样做的。请注意，叔詹这个事情是另外的记载，不一定可信，或许只是一个传说，但传说也是根据晋文公的性情来的。

晋文公其人

这几件事下来，重耳作为一代霸主的性情就展露无疑了。像是城濮之战，晋文公使了多少手段把自己打扮成正义者，从退避三舍到激怒楚国，再到拉齐国和秦国下水，都是手段，都是站在自己装扮成的正确立场上的，是有意要站在不败之地上，控制住道义的制高点。但是他使的都是些诈术，一直到后来收拾卫国的国君，收拾郑国的国君，都是带有某种奸诈的霸主的特点。

知识链接

孔子对晋文公的评价

从现有的文献上看，在儒家中，孔子是最早谈到晋文公和齐桓公的。孔子的话很简单，他认为晋文公这个人心眼儿多，要论厚道远不如齐桓公；晋文公所有的看似维护礼法的行为都是有目的的，是装出来的，晋文公的典型性格是霸道。什么是霸道呢？其实就是挂羊头卖狗肉，为了实现自己的野心去做事情，但是为了掩盖找了一个冠冕堂皇的借口，打着仁义的旗号。可见，孔子口中的霸道就是晋文公的做事标准。

烛之武退秦师

135

可是从另一方面说，晋文公又的确是个英姿勃发的人，才智非常高。相比之下，齐桓公离了管仲寸步难行，而且齐桓公是一个材质平平的人，跟好人学好，跟坏人学坏。而晋文公重耳在城濮之战的过程中始终是主持人，而且他注意广泛听取意见，甚至听小兵的意见。听什么？听大家的心声。在这点上，他的确跟齐桓公不一样，也跟其他霸主不同。

晋文公资质很高，但就是好忘记别人的恩，记得住别人的错，这是他的缺点。每个人都有缺点，晋文公的缺点很明显，而且是反复出现的，所以历史中记载介子推，民间就传说一个焚绵山。实际上，老百姓就是在讽刺晋文公的寡恩。

就这样，一代新的霸主产生了，新的霸业开始了。晋文公的霸业跟齐桓公的霸业相差很大，今后霸道代替了王道，历史往前走了。

城濮之战结束后四年，也就是公元前628年，重耳死了，一代英雄的君主死了。接着就引起了一个重大的事变，这就是崤之战，秦跟晋之间打起来了，这又涉及一个新的霸主——秦穆公。

在谈判中，一流的谈判高手往往在谈判之前就已经十分清楚自己的底线，手中握有的筹码，以及对方在这次谈判中想要得到的东西。谈判向来不是以理服人，真正能够打动人的不是高谈阔论，而是自己能够从中得到什么。烛之武深谙此道，对秦国说以利害，顺利使秦国退兵，解了郑国之困。在我们为人处世之中，也应该明白，当我们要求对方去做某件事或请求对方的帮忙时，如果对方并非自己的朋友或是亲人，那么对方心中会盘算着，自己帮了忙，能够从中得到些什么。这是现实的事态。那么当我们去说服别人时，道德的说教往往被斥为"道德绑架"，只有真正明白对方的需求和自己能够给对方的利益，才能够使一轮谈判成功，各取所需。

烛之武退秦师

赵盾弑君

——董狐直笔写信史

赵盾（公元前655年—公元前601年），即赵宣子，嬴姓，赵氏，名盾，谥号"宣"，时人尊称其赵孟或宣孟。赵衰之子。春秋中前期晋国卿大夫，杰出的政治家、战略指挥家。晋文公之后，晋国出现的第一位权臣，集军政大权于一身，担任执政，号称正卿。他在晋国执政期间，权倾朝野，使晋国君权首次受到冲击与削弱，赵氏一族独大晋国。赵盾一生侍奉三朝，维护了晋文公开创的霸业。

春秋时期发生在晋国的"赵盾弑君"，一直是后人议论纷纷的话题。赵盾也因此毁誉参半。下面我们就来探讨一下赵盾究竟是一个怎样的人。

心存怜悯同情弱者

晋文公在位九年后，于公元前628年去世。他的儿子欢立为国君，是为晋襄公。这时赵衰、栾枝等辅国贤臣也先后死去，赵衰的儿子赵盾继续执掌晋国国政。晋襄公当了七年国君，于公元前620年去世了。晋襄公的儿子夷皋年幼，晋国人因为国家多灾多难，所以想立个年长的公子当国君，他们认为"国有长君，国才得安"。

卿大夫们聚在一起，商议立国君的事。赵盾说："立襄公的弟弟公子雍吧，文公在世的时候很爱他。公子雍好善年长，立'善'可以使国家稳固，立'长'是顺理成章的，奉先君爱子当国君就是对先君的孝敬。"

大臣贾季不同意赵盾的意见，他说："不如立公子乐吧。他的母亲得到过怀公、文公的宠幸，如果立公子乐，百姓安心。"赵盾反驳说："公子乐的母亲地位卑贱，她的地位在文公夫人九人之下，她的儿子有何威严？况且公子乐远在陈国，陈是小国，不可能得到他们的援助，怎能让乐为国君呢？"

赵盾、贾季争论了半天，也没个结果，谁也没有说服谁，于是赵盾派人到秦国去迎接公子雍，贾季也叫人到陈国去召公子乐回来。为了避免贾季老是和自己闹矛盾，赵盾找了个借口，废去了贾季的太师官职。

这时秦穆公死了，秦康公继位，他派了三千卫士送公子雍回

赵盾弑君

晋国。晋国公卿为了立长君争执不下，谁也不再关心晋襄公的夫人嫘嬴和小太子夷皋。

嫘嬴听说赵盾等要迎公子雍回国当晋国君主，贾季又要迎公子乐来当国君，便抱着太子号哭，还抱了太子到朝廷上哭诉："先君何罪？他的后嗣又有何罪？舍去嫡子而向外寻求国君，将如何安置太子？"晋国公卿大夫听她哭得伤心，说得也有道理，大家各自散去。

嫘嬴哭着哭着见人走散，她也不再哭了。她想：我在此啼哭，无人听我。当初先君襄公在日，曾将太子付托赵盾，我不如去找赵盾，道个清楚，说个明白。于是她抱起太子夷皋，出了朝堂，去赵盾家中找赵盾。

赵盾前两天就听说嫘嬴在朝中哭嚷，说什么舍嫡而外求君，将如何安置太子的话，他心想：啊，公子雍立为君主后，会杀死小太子夷皋么？文公虽然仁厚，不是也将侄儿怀公杀死了吗？

赵盾正自思考，没想到嫘嬴抱着太子夷皋飞快地跑了进来。后面虽跟着自己的侍卫、徒众，但谁也不敢阻拦她，只远远地站着。

嫘嬴见了赵盾，说："先君立了此子为嗣君，将他托付先生，先君曾说'此子若成材，我得感念你；不成材，那就要怨你'。如今先君去世，可是言犹在耳，你将如何安置这个孩子？"说罢大哭，吓得太子夷皋也大声号哭起来。赵盾的堂前哭声一片。

赵盾想立公子雍，是因为晋国乱了许久，好容易才安定下

来，国有长君，对国家社稷有利。国家要安定，百姓求太平，我赵盾也不想揽权，所以主张立长君。可是现在嫪嬴哭着来了，名正才能言顺，夷皋虽小，却是襄公在世时立下的太子，嫪嬴是先君夫人，所以弃掉太子，迎立公子雍，弄不好自己会被诛杀。不如就立了太子夷皋，自己悉心辅佐他，上不负先君之命，下可告百姓，旁及诸侯，也无话可说。因此择日立了太子夷皋，就是晋灵公。

晋国立了灵公夷皋，赵盾只好率兵拒秦师，因为秦国正在送公子雍回晋国。秦、晋两军在令狐这个地方打了一仗，秦军败退。赵盾的兄弟赵穿在和秦国的交战中立下大功。

苦心辅佐频遭暗算

晋灵公夷皋长大了，不管赵盾如何规劝，灵公始终是块雕不好的烂木头，他侈奢、残暴、不成器。因为侈奢，花费大，不顾百姓死活，残暴地搜刮民财，供他享乐。他把宫室弄得雕梁画栋，连墙壁上也画满了图画。他整天在宫中没有什么正事，看厌了歌舞，玩够了狗、马，就领了一班佞幸臣子，登上高台，拿弹丸弹打宫外的行人，看人家忙不迭地躲避弹丸，便哈哈大笑，以此取乐。

一天，他想吃熊掌，熊掌虽然好吃，但是很难煮熟。灵公问了两次，见熊掌还没煨好，他已经等得不耐烦了，就大呼小叫地让端来食用。熊掌端上来了，灵公用牙一咬，不烂不熟，于是

大怒，就命人把宰夫杀了。他怕赵盾来谏诤，就命宫中强壮的妇人将宰夫用席一卷，抬出去扔了。因为灵公喜欢随意杀人，大臣们曾经多次劝阻，但他总是不听。这次赵盾又看见壮妇们抬的芦席中露出一只死人手来，于是赵盾、随会便进宫去劝告灵公。随会先说了半天道理，晋灵公毫无悔过之意。赵盾知道再劝也是无用，只得出宫去了。

赵盾等走了，灵公倒生起气来。他想自己身为国君，行动不能自由，处处受赵盾老儿的胁制，不如结果了他的性命，才得自由自在。如果明令诛杀他，一来他声誉高、威权大、党徒众多，恐怕杀他不了，反倒惹出乱子。二来此人小心谨慎，抓他的把柄，倒也不易。不如使人暗中将他杀死，今后方得快活。

晋灵公拿定主意，命人传了力士钼麑（ní）来。这钼麑身强力壮，武艺高强。灵公想：派他去刺杀赵盾，万无一失。钼麑到来，灵公对他说要他刺杀赵盾。

夜静更深，钼麑越过高墙，轻轻跳进赵盾家的院落。他贴身在窗下，见屋门大开，赵盾危坐灯前，低声叹道："君王嗜杀，社稷如何？"钼麑一听，哪里还忍心下手？他闪身来到院中树下，叹道："抛弃君命和刺杀忠臣，是一样的罪过。"钼麑思前想后，没有主意。杀忠臣，罪该死；不遵君命该死罪。怎么也难活世上，于是他选了后一条路，一头猛撞在树干上，撞死在树下了。

赵盾没死，灵公的心病就没法去。他又想法子要杀死赵盾。赵盾被逼得无法，便想逃出晋国。在赵盾还没离开晋国国境时，

赵盾弑君

143

他的堂弟（一说堂侄）赵穿袭杀了灵公，把赵盾迎接了回来。

董狐直笔赵盾蒙冤

晋国太史董狐将这件事记入了史册，记的是"赵盾弑其君"。赵盾说："我没杀灵公，灵公不是我杀的。"董狐说："你是晋国的正卿，出亡没有出国境，回来不诛杀国君的乱臣，杀灵公的不是你是谁？"董狐咬定了赵盾说："杀灵公的就是你！"于是史书记下了"赵盾弑君"。

知识链接

春秋笔法

"春秋笔法"是我国古代的一种历史叙述方式和技巧，又称"春秋书法"或"微言大义"。它是孔子首创的一种文章写法，是指寓褒贬于曲折的文笔之中，不直接表明作家自己的态度，并且在作品中贯注强烈的感情色彩。左丘明概括为"微而显，志而晦，婉而成章，尽而不污，惩恶而劝善"。作为一种使用语言的艺术，春秋笔法在文章的记叙之中表现出作者的思想倾向，而不是通过议论性文辞表达出来。春秋笔法以合乎礼法作为标准，既包括不隐晦事实真相、据事直书的一面，也包括"为尊者讳，为亲者讳，为贤者讳"的曲笔的一面。

后世孔子用"春秋笔法"对太史董狐和赵盾都做了评价，简而言之就是董狐是一个正直的史家，他的记载是没有偏颇的；赵盾是古来少有的忠臣，因为史官的记事原则而蒙受了弑君的恶名，如果当初赵盾逃亡的时候逃出国界就可以避免这样的恶名了。

在此抛开那些烦琐的史官记事原则不谈，那是属于古代人的事情，现代人没必要讲究那么多的繁文缛节。在古代社会，三纲是约束君臣、父子、夫妻关系的隐形纽带，它在无形之中将社会中最基本也最主要的人际关系给制度化、法律化，每一个人都不能违背，且在统治者有意识的教导中这样的观念早已经深入人心，成为社会每一分子恪守的礼节。那么赵盾作为一个忠臣，他绝对不会违背至高无上的三纲进行所谓的僭越活动。晋灵公对赵盾的进谏不听也就罢了，还一而再再而三地暗算赵盾，换作常人早就怒发冲冠了，赵盾却是一味地躲避。后世齐国崔杼弑君，起因是齐君与他妻子有染。崔杼与赵盾受到的侮辱比起来只能是小巫见大巫，而两人之间的比较更能够说明赵盾是一个绝对不敢犯上作乱的忠臣，从这一点而言赵盾弑君纯属子虚乌有，而且史书中已经交代得很清楚了，连谁在哪里将晋灵公杀了都说得一清二楚。因此事实是怎样的自有公论。

赵盾弑君

145

<智慧点津>

　　董狐秉笔直书的事迹，实开我国史学直笔传统的先河。董狐之直笔，自然也是冒着风险的，因此孔子赞扬他，后人褒美他，正是表彰其坚持原则的刚直精神。这种精神已为后世正直史官坚持不懈地继承下来，成为我国史德传统中最为高尚的道德情操。当然，随着时代的发展，直笔的含义逐渐摆脱了以礼义违合为内容的书法局限。从司马迁开始，赋予了它"不虚美、不隐恶"的实录精神。这一传统为后代进步史学家弘扬发展，编著出许多堪称信史的著作，是我国史著中的精华。其开启之功，实源于晋太史董狐不畏强权、坚持原则的直书精神。

穆公求贤

——五张羊皮换来百里奚

春秋时期，秦国在各诸侯国中并不是头号强国，但一代代秦国君主励精图治，使秦国始终没有停止上升的脚步。而其中一个承上启下的关键人物，就是秦穆公。穆公在位时，秦国的实力有很大的提升，国土面积也急剧扩张，而这主要归功于他对贤人的发掘和任用。秦穆公可以说是不拘一格发掘人才，他用五张羊皮换来百里奚的故事，成为中国历史上任人唯贤的典范。

秦穆公求贤若渴

公元前659年，秦国的一代国君秦成公死了，他的弟弟任好继了位，这就是后来的秦穆公。这个君主一上台，就显示了跟过去两三代君主不同的一种风范。什么风范？就是喜欢结交贤人，喜欢访贤人，喜欢求贤人。这个是做大事的人在做大事前必须有

的准备。而且秦穆公求贤这一点，也是基于他对本国历史的了解。秦国历史的特点是什么？建国时间短，文化相对落后，人才奇缺。

在春秋各诸侯国当中，秦国的历史和鲁国、卫国、宋国这些国家不同。不同在哪儿呢？不同在它是一个新兴诸侯，就是新兴起的诸侯国家。而且这个新兴起的诸侯国是从中国的西部，现在的甘肃、青海这一带东移而来的，也就是说它最早的历史有强烈的戎、狄色彩。

知识链接

秦 人

秦国人群的来历，今天有两种说法，一是从戎、狄转化而来，二是传说大禹手下贤人获得嬴姓，到周兴起时，站错了队，帮助殷商，助纣为虐，因为站错了队，被周王投到西部地区。西部本是游牧民族的领地，他们不得不入乡随俗，就变成了游牧人群，擅长养马。后来，秦襄公护送周平王东迁，迁到洛阳。周平王就把陕西给了秦国人，这是以戎治戎，秦用百来年时间把这一块的戎、狄肃清了。

秦穆公知道秦的发展人才是关键，所以他不拘一格发掘人才。那百里奚是怎么用五张羊皮换回来的呢？

百里奚，本是虞国大夫，历史上有成语叫唇亡齿寒，说的

148

是晋借虞国的道路去伐虢国。晋要伐虢得向虞国借道，得了一次手，想再借。这时有大臣出来告诉虞国国君不要做这种笨事，等到晋国灭了虢国，就该轮到自己了。辅车相依，是相互依靠的，没了虢国就没有我们，这是忧患。可是虞国国君昏庸，听不进去，还贪晋国的礼物这点小利。百里奚也进言，虞君没听。后来虞国果真被灭了，百里奚被掳，成了阶下囚。

当时的晋献公想要跟秦国搞好关系，就与秦国联姻。于是晋献公将女儿嫁给秦穆公，不仅要送嫁妆、陪送各种珍珠，还得有奴才去伺候，晋献公选上了百里奚。百里奚过去是大夫，现在成了罪人，又要被送走当奴才，于是他就悄悄地溜了。

百里奚跑到楚国宛这个地方，因为他是北方人，所以一说话别人就听出来了。后来，楚国人逮住了他。因为他会养牛，楚国人就让他在宛这个地方养牛，跑也跑不掉。百里奚有点心灰。百里奚的才干有人知道，秦穆公手下的公孙枝也是挖来的人才，此人了解百里奚，听说陪送来的奴隶中有百里奚，就派人来找他，可是没找到，后来才知道他跑了。公孙枝多方打听，才知道百里奚在宛这儿养牛，于是告诉了秦穆公。秦穆公听说后，原本准备派人带着重金将百里奚赎回来，可转念一想这样会弄巧成拙，如果拿着大批金钱去赎，楚国就会研究他是谁了，甚至奇货可居，把他当成摇钱树。于是秦穆公派人拿五张公羊皮到楚国去换，跟楚国人解释说，有个叫百里奚的陪送奴隶跑了，不能随便跑。楚国人一听，是有这个人，准备要放。秦国人也不白要，给了五张

穆公求贤

149

羊皮，楚国人一看，就接受了。楚国人没有看出百里奚的价值，五张羊皮就成交了。

百里奚到了秦国后，秦穆公找他谈话，百里奚说我只是个陪送的奴隶，养牛，谈什么。秦穆公说，不，你的本事大，我要听听。百里奚看到穆公态度诚恳，就与他谈了三天治国之道。秦穆公非常高兴，自己又能多一位治国大才，他认定百里奚是个不可多得的人才，就任为国务。

还有一个故事，百里奚早年混得不好，老婆以为他死了。后来听说他在秦国发达了，老婆想，怎么还不来接我们吗？可是等了许久也没等到，老婆生气了，好你个老东西，忘了我们。于是她就来找。老婆化装成浣妇，来到百里奚府上洗衣服，接近百里奚。看到百里奚后，老婆就弹琴、唱歌。她唱道："百里奚，五羊皮，忆别时，烹伏雌。舂黄齑，炊扊扅。今日富贵忘我为？"这是在骂他：想当年，分别时家里穷，我的一只老母鸡，都拿出来杀了给你吃，没柴火，我把门轴都烧了煮。现在你富贵了，就忘了我们？百里奚听到妻子熟悉的声音，就与她相认了。

百里奚夫妻相认，上演了大团圆的结局。那他不忘的是什么朋友呢？

百里奚不忘故交

这就有了一个关于蹇叔的故事。蹇叔也许就是外号，百里奚被任命为重要职位后，想着蹇叔，于是就跟秦穆公推荐了他。百

里奚对穆公说："蹇叔这人比我高深，是个奇谋之士。我早年贫困潦倒，可是在努力找机会，我离开家流浪、要饭，蹇叔看出我不是平凡之人，就收留了我。后来，我去齐国，公孙无知在招人才，蹇叔不让我去，后来公孙无知果然杀了齐国君主，我有幸免于灾祸；我想去东周王室，我会养牛，可以去王子颓那儿，正当王子颓就要重用我时，蹇叔让我不要跟他混，我听了，后来王子颓被灭，我又得免于难；我又想到虞国去，蹇叔说，君主不会重用你的，不过是混饭吃而已，但我还是贪着地位去了，不打算听蹇叔的了，结果虞国被灭，我成了奴隶，成了流亡者。今天来看，几次听了蹇叔的没事，一次不听就被套了，这人的见识不言而喻吧？"在百里奚动情的推荐下，秦穆公请蹇叔来到秦国并重用了他。

秦穆公巧计赚由余

秦转化为中原文明一分子，转化迅速。周围有许多戎人，有一个部族叫绵诸，势力较大，戎王手下有个人叫由余，祖上是晋国人，会说当时的官话。秦穆公的上台，引起戎王注意，戎王就派由余来看看。于是由余来了。没多久，秦穆公发现由余是人才，便带着由余转，想要留住由余的心。

当看完宫殿、珍宝后，秦穆公问由余："如何？"由余说："这些哪来的？让人去干，百姓就苦了，这是春秋时代混乱之根源。上位者整天玩这个，反而不如戎、狄，他们风俗淳朴。当年

尧舜以身作则，百姓人人自爱，上下一体，一旦诸侯们追求珍珠美玉时，百姓就苦了。"这下子镇住了秦穆公，这是哲学家，看法一针见血，秦穆公爱才之心浓郁。怎么才能留住他呢？这时，内史廖看出了这种心思，秦穆公跟他说邻国有贤人是鄙国之害也，由余是我们的大患呀。于是内史廖出主意：一是拖住由余，不让他回去；二是送美女给戎王，会唱歌跳舞的16个。戎王哪受得了这个？魂飞了，沉迷于女色，从此不问政事了。

秦穆公向由余百般示好，问戎地的军事要塞，并且间接让戎王知道。这是离间计。两下一折腾，事情果然奏效，秦国一看火候到了，便派由余回去了。由余回国一看，这还是离开时的国家吗？大事小事没人管。整个国事，"水泡"了。于是，由余开始向戎王进谏，批评他。这一批评，秦国的离间计奏效了。戎王问："你在秦国待这么久，为什么？"戎王还说了狠话："谁再进谏，我拿箭射他。"

秦穆公要的正是这个，便再派人游说由余，由余觉得自己对戎王来说已无用武之地，便归顺了秦穆公，给秦以后"霸西戎"创造了条件。这是计赚由余，为立大业奠定基础。秦国蓄势待发，晋文公死后，崛起的新霸主就是秦穆公。

　　百里奚在秦国的崛起中扮演了重要的角色，春秋后期乃至战国，各国在对土地扩张争夺的同时，更多的是对人才的争夺。对于君主而言，居于深宫，不闻稼穑，所知之事，尽出于书简，而非亲闻民间之声，对国家的大小事务，一人之断，万不能尽善尽美，文武百官列居御庭，实质上是对消息的过滤，同时各自也代表了一股利益集团。对于新晋人才的获得，君主等同于多了一条获取消息的通道，同时也多了一个纯粹的谋士，为君主分忧解难。古之入才莫过于此。时至今日，各行各业人尽其才，上自国家，下至庶民，都需要有一个合适的人来辅佐自己的事业。所以讲，对于管理者，人才的重要性就是帮他们突破自己的局限，去延伸自己的思想和智慧。

穆公求贤

153

王官之役

——破釜沉舟秦人雪耻

秦穆公想向中原发展秦国的势力，扩张的第一步想到的就是郑国，郑国又有秦国的内应，秦穆公便派了一支部队去偷袭，想里应外合，一举拿下郑国。但让秦穆公想不到的是，郑国的便宜没占上，远征的秦军反而被不怀好意的晋国军队利用地利全部歼灭，三千秦军最后只逃回了孟明视等三位将军。这对秦穆公来说，对秦国来说，都是前所未有的奇耻大辱。秦穆公把报复的眼光投向晋国。那么，秦国究竟是怎样向晋国复仇的呢？

崤之战败穆公自责

秦穆公是位识时务的君主。崤之战失败以后，他就大体放弃了直接向东方进攻的这种思路，转而向西发展，这就是"霸西戎"。而作为一个霸主，他一生最辉煌的事业就是称霸西戎。

可是在称霸西戎之前，有一件事情必须做，那就是对晋国复仇。这没办法，要凝聚民心，非这样做不行。为什么？因为崤之战秦军成百上千的尸骨扔在了那个地方，总得有一个说法。所以，在相当长的一段时间，他必须对晋国展开报复性攻击。

崤之战惨败，回来的只剩下孟明视、西乞术等三位将军。走的时候，一支部队浩浩荡荡，路上只有一个人哭——蹇叔，现在三位将军孤零零地回来了，马路上还是一个人哭，这个人当然不是蹇叔了，而是秦穆公。当时他头脑发热把好端端的一支大军送过去，送入虎口。这个责任他得负，他不哭谁哭？

秦穆公绝不单是哭，哭完了以后他还要悔过。胜利的时候，可以表现出个人的性格；失败了以后，作为领导者，作为决策者，怎么面对失败，在这个时候才是疾风知劲草，岁寒然后知松柏之后凋。秦穆公把责任全部揽在了自己身上。孟明视作为主帅，这次战争打得就剩他们三个人，按照常理，总要追究他的责任。而且在秦穆公身边也有人就提出来，说这个事情，他孟明视怎么也得负责。要是一般的君主，一听这样的话得高兴坏了，这话说得多中听，他总得要负责！在古代，成功了大家都往前凑合，失败了以后，脖子一缩，就恨不得躲得远远的，这才是正常心态。就是不往后缩，也得找出百般的理由，给自己的错误找借口。

但是秦穆公没有这样做。秦穆公说："对孟明视我不能因为他犯了这一次错误，就掩盖了他对秦国做出的贡献。"另外，秦

穆公说，这个事情决策在他。他犯了什么毛病？他引了一句古诗，大意是大风从来都是从空旷的山谷里边刮过来的，山谷形容人的欲望，因为贪，所以败坏了事情。秦穆公说："这说的就是我。"所以他对孟明视不加追究，继续任用，而把责任揽到自己头上，开始悔过、反思。

悔过之心不能光对身边的几个人讲，还要对全国讲，所以他为此发布了一道誓词，就是一道布告，讲自己在这次战争之后的反思，以及自己的错误。

誓词的一开始就说：一般人都自以为是，所以罪恶很多。凡是人，一旦自以为是了，就容易犯各种各样的错误。责备别人、要求别人去做正确的事情很容易，但是接受别人的批评，所谓从谏如流，这才是真正的艰难。实际上这句话是反思了自己，蹇叔、百里奚不是都提了意见吗？不是都反对当时的那场战争吗？可是自己贪心，没有从谏如流，所以这个是难的。这个誓词一下子就指出了人的弱点，我们人性有弱点，最明显的就是自以为是，说别人容易，接受别人的指责就很难。

接着他又在布告里谈到了自己，然后中间还有一段话，说我最近不听那些白发人的话是多么的错误，假如有这样一个人，他没有好大本事，他也没有其他的技能，但是这个人有海一样的心胸，能容纳别人。如果说别人的好，别人有一技之长，他喜欢得就像自己有一样；别人的聪明、别人的才干，他欢欣得就像自己有一样；别人说出来的话好，他喜欢得就像自己说出来的一样。

如果是这样一个人，只有这样的人，能保佑我们的子孙，这才是大吉大利的。这段话实际是在说，崤之战当时决策的时候，就缺少像蹇叔这样有主见、敢于提出不同意见的大臣。

这个誓令的发布，就是向所有的臣民宣告，是自己错了。然后他又说："一个国家，危险、动摇、不安定，往往是由于一个人的错误。邦家兴盛，也往往就是由一个人的功劳。"意思很明确：像蹇叔这样的人，可以使国家安定；相反，像我那样头脑发昏，可能给国家带来的是一种乱象。

这篇誓词影响很大。儒家有一篇文章叫《大学》，是过去的读书人从小就要读的，《大学》篇里边就引用了这里边的话，认为说得精彩，说得富有哲理，能启人神智。

所以说，崤之战最初的反应，是秦穆公把责任揽到自己身上，然后深刻地检讨，检讨自己的政治，检讨自己的过去。孔夫子说，一个人犯了错误以后的后续表现，从他的反应当中，最能看出这是个什么人。能反思，敢悔过，这就是秦穆公。

彭衙之役秦军受辱

崤之战，虽然秦军被全歼，仅逃回了三位将军。但是秦穆公主动把失败的责任都揽到了自己身上，仍然重用将军孟明视，体现了一代君主的胸怀和气度。在这次失败后，秦国人上下一心，积极备战，要向晋国讨个说法。这样，秦、晋两军的第二次交手很快就发生了。那么，一心想复仇的秦军，能在战场上打败晋国

157

的军队吗？

接着，秦穆公继续重用孟明视。崤之战打败了之后不久，秦国就开始组织兵马，又与晋国打了一仗。这场战争按照秦国人的说法叫彭衙之役，按照晋国人的说法叫拜赐之役。什么叫拜赐之役呢？当年孟明视从晋国被放回来的时候，在船上给送行的晋国人施礼说："等着，这次你放我回去，是大恩赐，我一定回来拜谢你们。"所以这次孟明视再带着部队来，晋国人称之为拜赐之师。秦国人讲的彭衙之役，是因为仗是在彭衙这个地方打的。

很不幸，这场战争秦军又败了。怎么回事呢？他们遇上了一个晋国的勇士，这个人叫狼瞫。两年前，打崤之战的时候，晋襄公亲自上战场，他身边有个大力士叫莱驹。晋襄公作战非常勇猛，抓了一个俘虏以后，就交给这个大力士莱驹，说你把他杀了，然后乘着车继续向前走。结果这位莱驹大力士可能劲头不小，胆子却很小，200斤的分量，胆儿大概一两都不到。莱驹拿起戈就要砍这个人，这个人一看自己要死了，就嗷，杀猪一样地嗷。这一嗷，把个莱驹吓得手一哆嗦，戈就掉到地上。这个太不应该了，战场上，作为一个贵族勇士，你这样的表现太丢面子了！

恰在这个时候，狼瞫过来了。一看莱驹在那儿吓得直哆嗦，连戈都拿不住，就说，你怎么这么废物！说完，狼瞫抄起戈来，就把那个人杀了。然后，狼瞫拉起莱驹就追赶晋襄公的战车。这一下呢，狼瞫就被任命为新的车右，莱驹则靠边站，因为他太丢

人了。

本来狼瞫表现了自己的勇敢，被提拔为君主的车右，是很荣耀的。可不想有一个大臣不大看得上他，这个大臣就是那个著名的先轸。先轸反正怎么看狼瞫都不顺眼，在下一次战役中，就把狼瞫换了，不让他做车右了。狼瞫为此愤愤不已，这是丢面子的事情。

狼瞫的朋友就看出来了，知道他在为什么发愁。劝他说你既然这么生气，你干脆动一手……当然没有说动手干什么。狼瞫说："不，我在等待机会。"那朋友就说："好，我帮你制造机会，咱们把这个先轸干掉就完了，报了这个仇！"

狼瞫就引了一句古书上的话，说一个人要勇敢，无端地冒犯自己的上级，把他杀死，害掉上级，这种人永远进不了明堂。明堂是什么？明堂就相当于我们的烈士陵园，祠堂，拜神位的地方。而且狼瞫说："我生气，是因为先轸看不上我，觉着我不勇敢，可我这样一杀人，那人家就说先轸看对了，你就是匹夫之勇，稍有点儿事情不满意你就杀人。我所谓的机会不是这个意思。"他否定了朋友报私仇这种做法。

不久，就赶上了彭衙之役，也就是拜赐之役。狼瞫为证明自己的勇敢给整个晋国人看，仗一打起来之后，他就疯了一样冲过去。在战场上，有一个人拼命，其他人就全都跟上了。一下子，就把孟明视率领的秦军冲垮了，这场战争就这样败了，孟明视又吃败仗了！

159

真正检验秦穆公对孟明视态度的，其实是这次失败。这次失败之后，秦穆公怎么对待孟明视，才能看出他用人的真章法！头一次你败了一次，责任在我，这一次责任不在我吧，我们决策没问题吧？你失败了！如果秦穆公内心中稍微有点儿狭隘，或者稍微有点儿不真诚，这时候就该发作了！

但是，秦穆公仍然没有对孟明视有丝毫的不信任，他知道，战争胜败乃兵家常事，一个人做事情，时运有利有不利。孟明视这次失败，秦穆公身边对孟明视的闲言碎语一定更多：这位孟大人到底有本事没有啊？然而，秦穆公仍然是用人不疑，疑人不用。孟明视呢，前一次他对君主很感激，这一次，他就恨不得为君主肝脑涂地。挫折使人成熟，孟明视就开始想怎么从根本上提高秦国的战争能力。《左传》中说，他是多多地给人民好处，开始制定一系列政策。人民能得到利益，这才是霸道的根本。霸道是小王道，任何一个霸道，对其他国家都是欺压，可是你要想争霸，要想强盛，把本国的精神打造成一体，有一点必须解决，那就是激发起民众爱君主、爱邦国的热情。民众不卖命，什么都是白搭，而要做一位成熟的政治家，他懂得霸政的根本是什么，懂得怎么激发民众跟随霸政走。

就在孟明视踏踏实实搞自己的内政的时候，晋国硕果仅存的老臣，就是那位文雅的赵衰就说："孟明视这样在秦国执政，下次他再来找我们晋国打仗，我们要退避他了。为什么？跟他打，我们不会取得胜利。"赵衰说这话，是看到了根本，就是秦国的

政治在翻新，民众凝聚力在加强，国家会变得不可抵挡。另外，他可能也有一种深谋远虑的东西，就是晋国跟秦国应该保持良好一点儿的关系，别打到两家各自分道扬镳，永远像两条铁轨一样不相互交叉，这就坏了。实际上，后来的事实也证明，晋国失去秦国的援助产生了很大的消极影响，这是先轸这些人想不到的。晋襄公手底下这些大臣，在子犯等人去世后，看问题有高度的就只剩下赵衰了。

可是，当时的晋国人没有把赵衰的这几句话听进去，管他孟明视在秦国怎么行政呢，至于晋国该怎么处理未来和秦国的关系，就更少有人去多想了。赵衰说完这句话不久，晋国领着其他几个国家打了一次秦国，这次秦国忍下了。

秦国虽然也是个大国，但和晋国军队两次交手中，是一败再败。但这并没有打垮秦国人的精神，反而激起了秦国同仇敌忾的士气。秦军厉兵秣马，又经过一段时间的准备，终于向晋国发起挑战，秦穆公亲自带兵深入晋国境内。那么，这一次经过精心准备的秦军能够打败晋国的军队吗？

晋国的寸步不让，给秦国带来的是同仇敌忾。时间过得很快，到了崤之战的第四个年头，秦国准备好了。

王官之战一雪前耻

秦、晋之间以一条黄河相隔，孟明视统领秦军渡过黄河，一过河以后，就把船凿沉了。中国有句成语叫"破釜沉舟"，出自

《史记》，说项羽打仗"破釜沉舟"。可最早"沉舟"的事情是秦国人干的。这是在告诉晋国人，我们来了，就没想活着回去，就要拼命了！秦军从黄河西岸渡了黄河以后，一直向东打，取了王官和另外一个地方，所以这场战争叫王官之战。晋国人一看，这一次秦军如狼似虎，这时候他们想起赵衰的话来了，就闭门休战，任凭秦军折腾，反正你后勤有限，我就先忍着。于是秦国的军队转而向南，从茅津渡过黄河，直入崤、函之地。

这才是此次战役的目的地。他们是为当年战场上秦军的死难者收尸来的。转眼间，三年过去，大自然的力量是伟大的，风雨冲刷，狼吃狗啃，已经没有多少尸首了，痕迹应该说很少了，但再少也得做一个仪式，安抚死难的将士。

这次仪式秦穆公亲自参加了。在山谷里，他们把这些残存的尸骨收起来，埋到了一个坟里，秦穆公穿上丧服，大哭一场，举行了隆重的丧礼，然后率领军队回国。整个过程晋国人没有干预。

到现在，崤之战的耻辱大体算是洗刷了。但是，秦、晋关系从此一直到春秋要结束的时候，都没有好转的迹象。这就是王官之役，一场秦人雪耻的战役。

这件事情做完了，秦穆公也明白了，在现有的条件下，直接向东发展是不可能了，应该怎么办？转而向西，就是向西戎发起这种战争。

所谓的西戎，就是在现在的陕西、甘肃这一带，也就是当时

秦国的西部和它的西邻这一带。那里居住着很多戎人，实际上，

这是在华夏文明之外生活的土著政权及其领导下的人民，大概有上百支这样的人群，强大的只有四五支，其中有一支叫绵诸，就是由余曾经侍奉的那个君主的部落。

秦向东方发展不可能了，于是秦穆公转而向西，对绵诸这个国家采取突然进攻。当时据说戎的首领还在喝酒呢，喝得醉醺醺的，秦国人就打过来了，结果把西戎打得落花流水。其他戎人一看这个情形，也就无心抵抗秦师了。实际上，最强的一支被打败了以后，之后的战争就有点儿兵不血刃的意思。有的投降了，有的向西撤退了，所以秦国在秦穆公后期，就把西部大片地区，用古语说是陇右地区，今天的话就是甘肃、天水、临洮等一大片地区，就都收过来了，划归到秦国统治的范围之内。

知识链接

霸西戎

霸西戎这件事情在整个中国历史上是有积极意义的。一是提高了这些部族的文明程度，二是扩大了中华文化的影响。现在英语里面我们中国被称作China，这个词意思是什么呢？一说是瓷器。也有学者认为，中国这个词发展的源流，实际上是从"秦"这个字得音。这得归功于秦穆公霸西戎，向西部发展，把中国的名声老早地远播到西方，而且出现了

王官之役

163

一个新的称谓。在古罗马时期他们称中国，叫"塞里丝"，丝绸的意思。西方新的称谓的出现，与秦穆公霸西戎有关系。所以，晚年的时候，秦穆公实际上是在霸西戎中把自己的霸业推到了顶峰。

＜智慧点津＞

　　对晋战争的不断失败，使秦穆公明白自己目前还不具备对东方战争的资本。但是面对接连战败的耻辱，不雪则难以平息国内之民怨，于是秦穆公采取了一种非常聪明的办法，一方面雪耻，另一方面终止了对东方的战争。但是秦国想要成就霸业，自然不可偏安，传统的问鼎中原暂不可得，那么就要转变思路，向西兼并。最终，历史证明，穆公的西进恰恰是秦国崛起的重要一环。

　　我们在处理事情时，应该看到问题的多种解决路径，莽撞地仅仅关注一种方法，往往会撞得头破血流。这就启示我们：要将眼光放开一些，那就能发现更多的方法。